Burkhard Hose

Warum wir aufhören sollten, die Kirche zu retten

Burkhard Hose

Warum wir aufhören sollten, die Kirche zu retten
Für eine neue Vision von Christsein

Vier-Türme-Verlag

Für Karlheinz Müller,
meinen theologischen Lehrer und Wegbegleiter

Inhalt

»*Einen Tempel sah ich nicht in der Stadt. Denn der Herr, ihr Gott, der Herrscher über die ganze Schöpfung, ist ihr Tempel, er und das Lamm.*«
Offenbarung 21,22

Einleitung
Auferstehung statt Wiederbelebung

»Viele glauben uns nicht mehr.«

Ob dem Vorsitzenden der Deutschen Bischofskonferenz wirklich bewusst war, was er da mit einfachen Worten, schnörkellos und ohne unmittelbar mitgelieferte spirituelle Überhöhung sagte? Beim Eröffnungsgottesdienst der Herbstvollversammlung der deutschen Bischöfe in Fulda im September 2018 stand Kardinal Marx mit diesem Satz inmitten der Bischöfe, als stehe er gemeinsam mit ihnen zwischen den Trümmern einer alten, verfallenen Kirche. Ich dachte für einen kurzen Moment an ein häufig gebrauchtes Bild in der Bibel, das Amtsträger in der Kirche gerne für sich beanspruchen. Eigentlich heißt es da im Matthäusevangelium in Anlehnung an ein alttestamentliches Bild: »Als Jesus die vielen Menschen sah, hatte er Mitleid mit ihnen; denn sie waren müde und erschöpft wie Schafe, die keinen Hirten haben« (Matthäus 9,36; vgl. Numeri 27,17). Aber statt des Originalzitats ging mir beim Anblick der Oberhirten durch den Kopf: »Denn sie waren müde und erschöpft wie Hirten, die keine Schafe haben.« Und ich hätte in diesem Augenblick tatsächlich darauf gewettet, dass es diese Worte sind, die in der Bibel stehen: erschöpfte Hirten ohne Schafe.

Mir hat sich dieses Bild eingeprägt. Der Vorsitzende der Deutschen Bischofskonferenz, also der Repräsentant einer Institution, die letztlich von nichts anderem lebt als von der Glaubwürdigkeit, sagt in der Mitte seiner Kollegen: »Viele glauben uns nicht mehr.« Auf mich wirkt diese nüchterne Feststellung wie eine Bankrotterklärung. Eine Kirche, der viele Menschen nicht mehr vertrauen, ist am Ende. Sie hat im strengen Sinne aufgehört, Kirche zu sein.

Keine Äußerung, die von Bischöfen nach Bekanntwerden der Missbrauchsstudie zu hören war, hat die Lage der Kirche so auf den Punkt gebracht wie diese wenigen Worte – ausgesprochen übrigens am Grab des Heiligen Bonifatius, der als »Apostel Deutschlands« verehrt wird. Traditionell treffen sich die Bischöfe dort zu Beginn ihrer Herbstvollversammlung zum gemeinsamen Gottesdienst. Diesmal schien es mir fast so, als stünden die Oberhirten und ihnen voran ihr Vorsitzender nicht nur am Grab des Bonifatius, sondern gleichsam am Grab der alten Institution Kirche, erschüttert und erschöpft. Wie Hirten eben, die keine Schafe haben.

Doch in mir regen sich bei diesem Anblick weder Mitleid noch Traurigkeit. Wie viele andere Menschen innerhalb und außerhalb der katholischen Kirche spüre ich eher Wut und immer noch die Erschütterung über eine Institution, die ihre Glaubwürdigkeit verspielt hat. Gut, dass sie tot ist, denke ich mir. Seltsam, dass sich bei diesem Gedanken in mir aber noch ein anderes Gefühl meldet. Es ist beinahe so etwas wie neue Lebensenergie. Ich schaue auf die Kirche in Trümmern und spüre in mir Lebendigkeit.

In den letzten Jahren habe ich immer wieder einmal etwas flapsig gesagt: »Ich interessiere mich eigentlich nicht mehr so für die Kirche.« Was ich damit gemeint habe: Viel interessanter ist es für mich, mit der Botschaft Jesu außerhalb des Kirchenraumes auf der Straße unterwegs zu sein und danach zu fragen, welche Bedeutung das Evangelium für die gesellschaftlichen Themen hat, die uns gemeinsam umtreiben. Welche Relevanz hat die Botschaft Jesu für Menschen in einer Zeit, die durch existenzielle Verunsicherungen und durch politische Spaltung geprägt ist? Der rasante Klimawandel, eine immer größer werdende Kluft zwischen Arm und Reich und die aus all dem resultierenden Flucht- und Migrationsbewegungen stellen auch die Kirchen vor neue Herausforderungen. Es gilt für mich eine Antwort darauf zu finden, ob wir als Christen zu diesen Entwicklungen etwas Positives beitragen können. Die Kirche habe ich in dieser Hinsicht häufig nur noch als Institution wahrgenommen, die vor allem mit einem beschäftigt schien: ihrem eigenen Überleben. Diese Kirche war es, die mich immer weniger interessierte. Und ausgerechnet in dem Moment, in dem diese alte Kirche stirbt, beginne ich mich wieder dafür zu interessieren, was Kirche und mehr noch: was Christsein in Zukunft bedeuten könnte.

Warum ist das so? Ich blicke auf die Trümmer dieser Kirche, in der ich aufgewachsen und in der ich Priester geworden bin. Mir ist im Herbst 2018 bewusst geworden, dass ich in viel größerem Maß Teil dieses Systems bin, das den Missbrauch von Menschen zu verantworten hat, als ich es bis dahin wahrhaben wollte. Wer in der katholischen Kirche arbeitet und ein Amt in ihr bekleidet, kann nicht so tun, als ginge ihn das alles nichts an oder als sei dies nur Angelegenheit der Bischöfe. Ich will nicht einfach wieder nur zuschauen und abwarten, welche Entscheidungen Bischöfe treffen oder welche Papiere mit wohlformulierten und gleichzeitig für die meisten Menschen bedeutungslosen Worten am Ende langwieriger synodaler Prozesse veröffentlicht werden. Nicht nur die Oberhirten, ich selbst stehe inmitten einer Trümmerkirche, die ihre Glaubwürdigkeit verloren hat. Ich habe kein Interesse daran, dieser alten Kirche wieder zu mehr Glaubwürdigkeit zu verhelfen. Ich habe kein Interesse an ein paar Reformen und schon gar nicht an Kampagnen zur Imagerettung der Institution Kirche. Die Schuldbekenntnisse, die ich aus dem Mund der Oberhirten höre, wirken auf mich schal, allzu gewohnt und ritualisiert. Ich glaube den Bischöfen ihre Erschütterung über das Ausmaß des Missbrauchs, aber ich glaube ihnen nicht wirklich, wenn sie von »Erneuerung« der Kirche sprechen. Auf mich wirkt das zu sehr wie ein hilfloser Versuch der Reanimation, der Wiederbelebung eines gestorbenen Systems.

Diese Kirche ist kaputt. Sie ist tot. Ich stehe an ihrem Grab. Ich bin wütend und erschüttert angesichts der Verbrechen, die Menschen in dieser Institution zu verantworten haben und die diese alte Kirche möglich gemacht hat. Aber ich fühle mich nicht erschöpft. Ich fühle mich eher wie in einem Zwischenstadium. Etwas Altes ist gestorben. Fast möchte ich sagen: Gott sei Dank! Es ist gut, dass diese Gestalt von Kirche, die für das Leid so vieler Menschen mitverantwortlich ist, am Ende ist. Das gilt es zu realisieren. Den Bruch, in dem wir uns befinden, gilt es anzuerkennen. Ich erlebe gerade bei vielen, die in der Kirche arbeiten oder sich ehrenamtlich engagieren, so etwas wie Endzeitstimmung. Das Ende der Kirche in ihrer alten Gestalt hat etwas Apokalyptisches, Katastrophales an sich. Es ist das Fanal einer Kirche, deren Repräsentanten in so vielen Fällen das Leben von Menschen zerstört haben. Die meisten in unserer Gesellschaft verbinden mit ihr nur noch eines: den unglaublichen Missbrauch von Macht. Da ist nichts mehr zu retten.

Biblisch lässt sich dieser Zwischenraum, in dem wir gerade kirchlich stehen, am ehesten mit der Situation der Apokalypse vergleichen. Die Enthüllung des Missbrauchs bringt täglich neue Schreckensbilder ans Licht. Es ist wichtig, diesen Schrecken auszuhalten und ihn nicht wieder wegzureden oder zuzudecken.

Mitten in diesem apokalyptischen Szenario wird für mich gleichzeitig etwas Neues sichtbar. Es ist fast so etwas wie eine neue Vision von Christsein, eine Zeitenwende am Ende einer Kirche, die für viele Menschen gestorben ist. In der Bibel ist die Apokalypse ebenfalls mit Bildern und mit Geschichten des Schreckens verbunden. Sie markieren das Ende und gleichzeitig sind sie Anzeichen für den Beginn einer neuen Zeit.

Die neutestamentlichen Autoren bewegen sich genau in diesem Zwischenraum. In diese Endzeitstimmung hinein gehört der Basissatz der Botschaft Jesu: »Die Zeit ist erfüllt, das Reich Gottes ist nahe. Kehrt um und glaubt an das Evangelium!« (Markus 1,15). Im griechischen Text steht an dieser Stelle das Wort *metanoeite*. Das bedeutet mehr als nur »umkehren«. Es bezeichnet das Umdenken und den echten Sinneswandel infolge einer Erkenntnis. Ganz wörtlich geht es bei *meta-noein* um »um-denken« oder »nach-denken« im Unterschied zum »vor-denken« (griechisch: *pro-noein*).

Dem Aufruf zum »Nach-denken« und damit zum »Um-denken« geht die Feststellung Jesu voraus: »Die Zeit ist erfüllt, das Reich Gottes ist nahe.« Es sind die ersten Worte, die Jesus im Markusevangelium spricht. Zu verstehen ist diese Ansage im Sinne von: »Das Maß ist voll. Die neue Welt Gottes ist bereits im Kommen.« Gemeint ist damit nicht einfach eine neue Spiritualität oder eine neue Religion, sondern viel mehr. Es geht um nicht weniger als eine neue Weltordnung. Deren Entstehen setzt in der Bibel aber voraus, dass etwas Altes zerbricht und untergeht. Weltuntergang meint in diesem Sinn: Die bisherige Art, Welt zu sehen und zu gestalten, die alte Weltordnung geht unter.

Wenn ich die jetzige Situation in der Kirche in dieser Weise mit den Augen des biblischen Apokalyptikers anschaue, dann bekommen die programmatischen Worte Jesu in Markus 1,15 einen aktuellen Klang: »Das Maß ist voll. Die neue Welt Gottes ist bereits im Kommen. Denkt um und glaubt an das Evangelium!« Wenn ich mir diese Perspektive wirklich zu eigen mache, geht es nicht um das Überleben oder Wiederbeleben der Kirche, sondern um eine neue Vision von Christsein, um eine Utopie von Kirche, die wirklich etwas von der neuen Welt Gottes für Menschen heute sichtbar macht. Mein Nach-denken verstehe ich deshalb auch nicht als Strategie für das Wei-terbestehen der Kirche. Es ist vielmehr meine persönliche Vision davon, wie ich gemeinsam mit anderen das Evangelium in der Gegenwart neu leben kann. Es geht mir nicht darum, etwas Altes wiederzubeleben, sondern etwas völlig Neues, was noch nicht ist, anzudenken. Wer wirklich umkehrt, stellt fest, dass der Weg der Umkehr niemals einfach ein Zurückgehen desselben Weges ist. Es entsteht ein ganz neuer.

Bei seiner Weihe sprach der neue Bischof von Würz-burg, Franz Jung, davon, dass er sich in seinem neuen Amt für eine Kirche einsetzen werde, die tatsächlich von der Auferstehung geprägt sei und nicht vom Gedanken der Wiederbelebung des Vergangenen. Mich hat dieses Wort berührt. Ich will es für mich weiter- und durch-denken.

Dabei gibt es für mich eine entscheidende Grundvo-raussetzung, die dieses Nachdenken wie ein Vorzeichen bestimmen wird: Wir sollten aufhören, die Kirche zu retten!

Kontrollverlust
statt Wächteramt

Nach der ersten Veröffentlichung der Missbrauchsfälle am Berliner Jesuiten-Gymnasium Canisius-Kolleg im Jahr 2010 ging schon einmal eine Schockwelle durch die katholische Kirche in Deutschland. Die Bischöfe sprachen damals immer wieder von Konsequenzen und einer notwendigen »Reinigung« der Kirche. Sie formulierten Schuldbekenntnisse, feierten Bußgottesdienste, ernannten Missbrauchsbeauftragte und ließen Präventionsprogramme in ihren Diözesen entwickeln. Die Zahl von Anwältinnen und Anwälten in Generalvikariaten nahm zu. Diese erarbeiteten rechtliche Sicherungs- und Kontrollsysteme. Von nun an hatten alle Mitarbeitenden in der Kirche, die im Haupt- oder Ehrenamt mit Kindern und Jugendlichen zu tun haben, regelmäßig ein polizeiliches Führungszeugnis vorzulegen. Die Bischöfe glaubten sich auf einem guten Weg, das verlorengegangene Vertrauen durch die Vielzahl an Maßnahmen wiederzugewinnen. Der Missbrauch wurde als Versagen Einzelner in der Kirche definiert und als Thema isoliert. Der Imageschaden schien beinahe behoben – zumindest in den eigenen Reihen. Menschen, die ohnehin ein kritisches Verhältnis zur Kirche hatten, sprachen weiterhin von den Missbrauchsfällen, aber viele Gläubige gewannen den Eindruck, die Bischöfe hätten nun alles im Griff. Strukturelle Probleme wie der drohende Einbruch von Kirchensteuereinnahmen oder der massive Rückgang der Priesterzahlen traten wieder in den Vordergrund.

Dann kam der Herbst 2018. Die von den Bischöfen in Auftrag gegebene wissenschaftliche Studie zum Missbrauch in der Katholischen Kirche erschütterte die Öffentlichkeit und überrollte in ihrer Wucht auch die Bischöfe. Sie waren auf einmal wie Hirten, die keine Herde mehr haben. Und so erleben wir gerade den Super-GAU der Kirche als Institution. Den Bischöfen traut nun niemand mehr wirklich zu, dass sie die richtigen Konsequenzen aus den Berichten über sexuelle Gewalt und Machtmissbrauch ziehen werden. Zunehmend sprechen mich auch alte Menschen an, die ihr Leben lang mit der Kirche verbunden gewesen sind, und sagen, sie überlegten, aus der Kirche auszutreten. Der Vorwurf steht im Raum, letztlich sei es vielen Bischöfen nach 2010 mehr um die Behebung des Imageschadens gegangen als um tatsächliche Aufklärung. Kirchliche Parallelstrukturen, die vor oder neben den Staatsanwaltschaften in einem eigenen Rechtssystem agierten, gerieten zunehmend in die Kritik. Das Gezerre um die Herausgabe von Akten an die von den Bischöfen selbst beauftragte Forschergruppe vermittelte den Eindruck, so manchem Bischof sei vor allem daran gelegen, nicht die Kontrolle zu verlieren. Nach wie vor scheint der Schutz der Kirche einigen Oberhirten wichtiger zu sein als die umfassende Aufklärung und damit letztlich der

Schutz von Menschen, die unter dem Dach der Kirche zu Opfern gemacht wurden.

Statt die Kontrolle zu behalten, verloren die Bischöfe, was überhaupt die Grundlage ihres Handelns ist: ihre Glaubwürdigkeit. Bei der Pressekonferenz zum Abschluss der Herbstvollversammlung der Bischöfe stellte die Journalistin Christiane Florin eine Frage, die für einen Augenblick die persönliche Verantwortung der Bischöfe in den Mittelpunkt rückte: »Hier sind jetzt über sechzig Bischöfe versammelt. Gab es einen oder zwei, die im Zuge ihrer Beratungen gesagt hätten: Ich habe so viel persönliche Schuld auf mich geladen, ich kann eigentlich diese Verantwortung des Amtes nicht mehr tragen?« Der Vorsitzende der Bischofskonferenz stockte kurz und antwortete mit einem fast trotzigen »Nein«. Bloß die Kontrolle behalten!

Das System, das eigene Rechtsordnungen staatlichen Gesetzen vorordnet und in dem gerade das Schweigen »ganz oben« den Missbrauch möglich machte, wird von einer großen Angst bestimmt: der, die Kontrolle zu verlieren. Dabei ist genau dies jetzt geschehen. Vor der versammelten Presse saß einer, der in diesem Moment vermutlich sehr wohl verstanden hatte, was zuvor beim Eröffnungsgottesdienst der Herbsttagung den Bischöfen am Grab des Bonifatius aufs Gesicht geschrieben stand: Hier stehen Oberhirten, die vor lauter Angst, die Kontrolle zu verlieren, die Menschen verloren haben.

Zum ersten Mal in der Geschichte der Kirche habe ich den Eindruck, ob und wie es mit dieser Kirche weitergeht, liegt nicht mehr in den Händen der Bischöfe oder des Papstes. Viele Menschen wollen jetzt nicht mehr abwarten, was Bischofskonferenzen oder was ein »synodaler Weg« in ein paar Jahren an Papieren hervorbringt. Immer mehr Gläubige fragen sich: Wie kann ich mein Christsein leben angesichts einer Kirche, deren Glaubwürdigkeit in Trümmern liegt? Und wie könnte eine Gemeinschaft aussehen, in der Menschen miteinander Kirche sein wollen, nachdem die alte Form von Kirche gestorben ist?

Ich stelle mir diese Fragen auch persönlich, 25 Jahre nach meiner Priesterweihe. Und mehr noch als im Jahr 2010 realisiere ich: Mein Amt macht mich zum Teil dieses Systems. Ich trage zwar keine persönliche Schuld, aber ich bin mitverantwortlich dafür, dass wirkliches Umdenken und tatsächliche Umkehr stattfinden. Auch ich will nicht abwarten, was die Bischöfe diesmal entscheiden, denn ich bin kein Zuschauer, ich bin Beteiligter.

Ich stehe mit am Grab einer Kirche, die ihre Glaubwürdigkeit verloren hat. Und gleichzeitig spüre ich, dass es genau jetzt die Möglichkeit der Auferstehung von Christsein in etwas ganz Neues hinein geben kann.

Mir geht ein Bild durch den Kopf: Es ist die Szene, mit der ursprünglich das Markusevangelium endete, bevor später einige Verse hinzugefügt wurden. Vergeblich suchten die Frauen am Ostermorgen Jesus im Grab. Die knappe Information des Engels lässt sie erschrecken: »Er ist auferstanden. Er ist nicht hier« (Markus 16,6). Lukas ergänzt den Markustext um die Frage: »Was sucht ihr den Lebenden bei den Toten?« – eine Frage, die der Evangelist wohl bewusst im Blick auf die christliche Gemeinde, für die er schreibt, einfügte. Er will ihr sagen: Christsein lässt sich nur vorwärts leben, nicht in der reinen Rückschau. Es geht darum, den auferstandenen Herrn an ganz neuen Orten zu entdecken!

In der ersten Fassung des älteren Markusevangeliums endet die Szene sehr abrupt. Der letzte Vers beschreibt das Verhalten der Frauen in dem Moment, als sie begreifen, dass das Grab nicht mehr der Ort ist, an dem sich der auferweckte Herr finden lässt: »Da verließen sie das Grab und flohen, denn Schrecken und Entsetzen hatte sie gepackt. Und sie sagten niemandem etwas davon; denn sie fürchteten sich.« Auch im Markusevangelium schimmert durch jedes Wort die Situation der Gemeinde hindurch. Was jetzt folgt – nach dem Grab –, bleibt hier offen. Was also die christliche Gemeinde aus der Osterbotschaft macht, wird nicht erzählt. Es ist wie ein Weg ohne vorbestimmtes Ziel. Der Schluss des Markusevangeliums zeigt das Bild einer österlichen Kirche, die losläuft, voller Schrecken, wortlos zunächst. Eine chaotische Situation, die sich hier mit der Osterbotschaft verbindet.

Über die konkrete Gemeindesituation des Markus hinaus steckt der Evangelist mit seinem abschließenden Vers von nun an jede Christin und jeden Christen in die Schuhe der ersten Auferstehungszeuginnen: Ostern heißt Weglaufen vom Grab, ungeordneter Aufbruch. Und zum ersten Mal fällt mir in dieser Deutlichkeit auf, dass nicht erst am Schluss des Markusevangeliums das Bild einer österlichen Kirche entsteht, in der das Handeln Gottes für Menschen mit der Erfahrung von

Kontrollverlust verbunden ist. Mit seinem Umkehrruf (Markus 1,15) fordert Jesus ganz zu Beginn Menschen in seiner Nachfolge dazu auf, alte Sicherheiten hinter sich zu lassen, Gewohntes aufzugeben.

Der Anbruch von Gottes neuer Welt verlangt, das Zerbrechen alter Ordnungen zu durchleben und völlig neu zu denken. Und zu diesem neuen Denken gehört wesentlich dazu, sich für das überraschende Handeln Gottes bereitzuhalten. Das Reich Gottes passiert wesentlich ohne Zutun der Menschen und außerhalb ihrer Kontrolle. Ich denke an manche gutgemeinten neuen geistlichen Lieder zurück, mit denen wir in meiner Jugend besangen, wir würden »mitbauen« am Reich Gottes. Diese Lieder waren zwar motivierend, letztlich stehen sie aber im Kontrast zu der Botschaft Jesu vom Reich Gottes, zu dem der Mensch nichts anderes beitragen kann, als sich offenzuhalten für dessen überraschendes Erscheinen in der Welt. Letztlich entsprangen diese Lieder noch einem Verständnis von Kirche, die sich selbst mit dem Reich Gottes verwechselte. Kirche können wir mitbauen, Reich Gottes nicht.

Dies ist eine Botschaft, die religiösen Kontrollinstanzen zur Zeit Jesu vermutlich ebenso Angstschweiß auf die Stirn trieb wie sie Christen in den Kirchen verunsichern sollte. Die Predigt Jesu entwirft programmatisch so etwas wie das Gegenmodell zu einer alles kontrollierenden Institution. Wenn etwas im Grundsatz und fundamental jedes institutionelle Kontrollstreben untergräbt, dann ist es seine Botschaft vom Reich Gottes, das es nicht zu machen, sondern zu entdecken gilt.

Zum ältesten Bestand der Evangelien gehören kleine Erzählungen rund um diese neue Welt Gottes. Es sind Gleichnisse, die mit ihren Bildern an den Alltagserfahrungen der Zeitgenossen Jesu anknüpfen. Jesus erzählt Beispiele aus der bäuerlichen Welt, aber auch aus dem Haushalt entwickelt er Geschichten, die vom Geldverleihen handeln oder vom Schafehüten, vom Brotbacken und vom Hauskehren. Geschichten also, die das alltägliche Leben von Frauen und Männern zum Ort erheben, an dem sich Reich Gottes abspielt. Was sich wie ein roter Faden durch alle diese Texte zieht, ist ein beinahe subversiver Grundgedanke: Wer sich auf das Reich Gottes einlässt, muss bereit sein, Dinge unkontrollierbar geschehen zu lassen. Das ist sozusagen die entscheidende Methode für ein christliches Leben.

Am deutlichsten wird das in den sogenannten Wachstumsgleichnissen, die sich im Markusevangelium aufgereiht im vierten Kapitel finden (Markus 4,1–34). Unter ihnen stechen noch einmal zwei kleine Gleichnisse hervor, die Matthäus und Lukas später aus der älteren Markusvorlage gestrichen haben. Liest man die beiden Texte, versteht man auch sehr schnell, warum sie das taten.

Nur bei Markus findet sich das Gleichnis von der selbstwachsenden Saat (Markus 4,26–29). Es erzählt von einem Menschen, der Samen auf seinen Acker sät und dann eigentlich nur noch schläft und abwartet bis zur Ernte. Ich erinnere mich an das erste Mal, als ich als junger Kaplan über genau dieses Evangelium zu predigen hatte. Es war in einem kleinen Dorf, in dem es noch viele selbstständige Landwirte gab. Ich erklärte also in der Predigt, dass es mit dem Reich Gottes genauso zugehe wie es meine Zuhörerinnen und Zuhörer ja in ihrem Alltag erlebten. Dieser Alltag erzähle also etwas vom Reich Gottes. Nach dem Gottesdienst kam ein alter Bauer, der von der Empore aus die Predigt verfolgt hatte, zu mir und raunzte mich an: »Herr Kaplan, Sie haben keine Ahnung von der Landwirtschaft.« Dann erklärte er mir, wie viel Arbeit es zwischen Aussaat und Ernte braucht und dass studierte Leute wie ich keine Ahnung von dem mühsamen Leben der Landwirte hätten. Recht hatte er! Und nicht nur das. Er hat mir mit seinem brummigen Einwurf die Augen geöffnet für den eigentlichen Clou des Gleichnisses. Es knüpft zwar an Alltagserfahrungen aus der Landwirtschaft an, aber nur mit dem ersten Satz, der die Tatsache der Aussaat beschreibt. Alles, was dann folgt, steht konträr dazu. Das Reich Gottes bestätigt eben nicht einfach die alten Muster von Leistung, die zum Erfolg führt. Das Bild vom schlafenden Bauern ist nicht nur unrealistisch, sondern provokant – zumal im Blick auf die Situation der Verkündigung der christlichen Botschaft in der Gemeinde. Die Botschaft vom Reich Gottes sozusagen verschwenderisch unter die Leute zu bringen, ohne Regelwerk, ohne Ausführungsbestimmungen und ohne Überwachung, ist ein gefährliches und gleichzeitig wunderbares Experiment.

Wie könnte Christsein in einer Kirche der Auferstehung aussehen, die diesem Prinzip folgt? Eine Kirche, die von der Zuversicht geleitet würde: »Welch eine Befreiung, dass das Wesentliche ohne uns geschieht!

Wir umhegen und pflegen nur das Wunderbare« (Martin Kämpchen). Zu gefährlich! So urteilten kurz nach Markus bereits die späteren Evangelisten Matthäus und Lukas, die unabhängig voneinander dieses kleine subversive Gleichnis schlicht herauskürzten.

Gleiches gilt für die Verse, die sich bei Markus unmittelbar anschließen. Sie treiben den Kontrollverlust auf die Spitze, wenn sie davon erzählen, mit dem Reich Gottes sei es wie mit einem Mann, der auf seinem Feld Unkraut und Weizen fröhlich miteinander wachsen lässt, bis zum Tag der Ernte. Alles einfach wachsen lassen? Ein unzumutbarer Gedanke für Matthäus und Lukas. Also streichen sie auch diesen Text aus ihren Evangelien. Die Kirchenbildung war in ihren Gemeinden bereits so weit vorangeschritten, dass der Gedanke, in einer Gemeinde einfach alles wachsen zu lassen, nicht mehr vertretbar erschien. Längst gab es Kontrollinstanzen, die um den Gedanken der Unterscheidung von rechtem und falschem Glauben kreisten. Im späteren Verlauf der Kirchengeschichte leistete sich die Institution sogar eine eigene »Unkrautvernichtungsbehörde«, die »Römische Inquisition« (lat. *inquisitio* = Untersuchung), die dann in »Kongregation für die Glaubenslehre« umbenannt wurde.

Bereits der älteste Autor des Neuen Testaments, Paulus, machte seine ganz eigenen Erfahrungen mit der Einladung, dem Prinzip »Alles wachsen lassen!« zu folgen. Nachdem er zuvor seine Gemeinde in Korinth dazu aufgerufen hatte, alle Gaben von Frauen und Männern in der Gemeinde gleichermaßen zur Entfaltung kommen zu lassen, regt sich in ihm der institutionelle Glaubenshüter, als er davon hört, was daraus erwachsen ist. Die Frauen in Korinth machten ernst mit der Botschaft des Paulus, redeten in der Gemeindeversammlung prophetisch und begannen offenbar auch äußerlich, die Gleichberechtigung, die Paulus zuvor verkündet hatte, zur Schau zu tragen. Sie durchbrachen männliche und weibliche Rollenzuschreibungen und schoren sich die Haare. Sie traten für den Geschmack des Paulus dabei zu »männlich« in Erscheinung. Das bringt ihnen im ersten Korintherbrief Ermahnungen des Paulus ein, wie man sich im Gottesdienst richtig zu verhalten habe (1 Korinther 11). Nur ein kleines Beispiel dafür, dass es bereits in der frühen Kirche vor allem den männlichen Vertretern der Institution Angst machte, wenn etwas außerhalb ihrer Kontrolle zu wachsen und zu blühen begann.

Manchmal habe ich den Eindruck, die Angst vor Kontrollverlust produziert in der Kirche geradezu eine Haltung nach dem Motto: Wir verwalten lieber das kontrollierte Schrumpfen, als uns unkontrolliertem Wachstum auszusetzen. Im Augenblick erlebe ich den Niedergang einer Kirche, die lieber am Grab stehen bleibt, als nach dem Vorbild der Frauen im Markusevangelium vom Grab weg in eine ungewisse Zukunft zu rennen. Diese Kirche setzt alles daran, ihren eigenen Bedeutungsverlust kontrolliert in Strukturen zu gießen, statt an die Entfaltungsmöglichkeiten des Evangeliums in ganz neuen bisher ungekannten Zusammenhängen zu glauben. Menschen, die sich dieser Logik anschließen, haben sich damit abgefunden, dass Kirche unabänderlich kleiner wird und die christliche Botschaft gesellschaftlich an Bedeutung verliert, weil die schrumpfende Kirche an Bedeutung verliert. Diese Fixierung auf das Schrumpfen und die damit verbundene beinahe paradoxe Wachstumsangst gehen einher mit der kirchlich weit verbreiteten Klage über den angeblichen »Glaubensschwund« oder die behauptete »Glaubensverdunstung« in der Gesellschaft.

Manchmal frage ich mich, ob die Verwaltung des eigenen Untergangs, die penible kirchliche »Grabpflege« nicht mehr von Glaubensschwund zeugt als die Suche vieler Menschen nach spirituellen Erfahrungen außerhalb der Kirche. Anstatt es als positives Aufkeimen einer nicht selbst gesäten Saat zu bewundern, wenn Menschen außerhalb kirchlicher Strukturen in Yoga- oder Meditationskursen zu sich selbst finden und im Einklang mit der Schöpfung zu leben versuchen, wird dieses Bemühen von Kirchenleuten abgewertet. Im kirchlichen Raum hört sich der Begriff »esoterisch« (griechisch »innerlich«, »dem inneren Bereich zugeordnet«) an wie ein Schimpfwort. Wer jenseits der herkömmlichen Kirche spirituelle Erfahrungen macht, dem tönt aus dem Kircheninneren hinterher, das sei doch alles »weltfremde Spinnerei«.

Einem weltfremden Spinner glaubten übrigens auch so manche seiner Zeitgenossen in Jesus von Nazaret entdeckt zu haben. Markus berichtet davon, die Angehörigen Jesu hätten sich auf den Weg gemacht, »ihn mit Gewalt zurückzuholen; denn sie sagten: Er ist von Sinnen« (Markus 3,21). Dass sich Jesus außerhalb des Kontrollsystems der Sippe verselbstständigt hatte und Menschen um sich scharte, die ihr Heil ebenfalls jenseits der alles bestimmenden Familienverbände suchten, machten ihn zum Sicherheitsrisiko für die herkömmliche Ordnung.

Wie optimistisch, aber eben in den Ohren der Verwalter religiöser Institutionen zu subversiv erzählt Jesus, mit dem Reich Gottes verhalte es sich wie mit einer Frau, die Sauerteig unter das Mehl mischt. Der Sauerteig durchsäuert ohne Zutun den restlichen Teig (Mattthäus 13,33). Und ganz ohne Angst vor unkontrolliertem Wachstum kommt schließlich das Senfkorngleichnis aus (Markus 4,30 – 32). Vielleicht passt dieser Text sogar am besten zur augenblicklichen Situation der Kirche: Die Geschichte vom kleinsten aller Samenkörner erzählt nicht von der akribischen Aufbewahrung und Pflege des Kleinseins, sondern sie entwirft das Bild ungeahnter Größe, die auf das Kleinsein folgt. Nur geht es da nicht um die wiedererlangte Größe von etwas Altem, das schon mal da war. Was da wächst, ist etwas ganz Neues, Unbestimmbares.

Wie aber könnte Christsein unter diesem Vorzeichen aussehen? Unkontrolliert? Optimistisch? Was mitnehmen, wenn wir als Christinnen und Christen tatsächlich loslaufen vom Grab, mitten im Chaos?

Im politischen Bereich gibt es bereits faszinierende Ansätze aus der jüngsten Vergangenheit, wie ein solches Loslaufen konkret aussehen könnte. 2014 machte in Spanien eine politische Reformbewegung von sich reden, die sich den Namen Podemos (zu deutsch: »Wir können«) gab. Auf dem Weg zu einer Parteigründung spielten zunächst 900 »Kreise« auf öffentlichen Plätzen und in Parks eine wichtige Rolle. Bewusst außerhalb gewohnter Versammlungsräume konnten Menschen bei diesen Basisversammlungen Themen formulieren, die ihnen wichtig waren. Aus diesen losen Versammlungen, die gut genug organisiert waren, um auch zu funktionieren, bildeten sich Themenschwerpunkte und Organisationsstrukturen heraus. Eine wichtige Rolle spielten dabei auch Abstimmungsverfahren, zu denen man sich online anmelden konnte. Hintergrund war das Bestreben, nicht bei der Empörung über Ungerechtigkeit, fehlende Transparenz, zunehmende Arbeitslosigkeit und Armut stehenzubleiben, sondern selbst ins Handeln zu kommen und Veränderungen zu gestalten. Auch wenn ein solches Verfahren aus der Politik nicht eins zu eins übertragbar ist, braucht es doch in jedem Fall für eine künftige kirchliche Gemeinschaft vergleichbare bis nicht gekannte Formen direkter Beteiligung außerhalb oberhirtlich gesteuerter synodaler Prozesse. Dabei sollte es nicht an Fantasie fehlen, über den künftigen Weg auch mit Menschen zu diskutieren, die vielleicht nicht einmal Kirchenmitglieder sind, aber eine gewisse Sympathie für die christlichen Werte oder für die christliche Spiritualität mitbringen. Vor allem aber ist jetzt wichtig, nicht am »Grab« stehenzubleiben und der alten Kirche hinterherzutrauern, sondern sich bei dem, was da an Neuem entstehen könnte, unmittelbar von Jesu Gleichnisrede leiten zu lassen: Keine Angst vor unkontrolliertem Wachstum!

Es ist ja auch nicht so, als seien wir ganz ohne Inhalt und ohne Orientierung unterwegs. Ein erster ermutigender Hinweis, wie gelebter christlicher Kontrollverlust aussehen könnte, findet sich vielleicht beim Kirchenvater Augustinus, für den sich christliches Leben zwischen den Grundkoordinaten von Gottes- und Nächstenliebe ereignet. Alles andere ist im Grunde Auslegung und kann sich entwickeln. Auf dieser Grundlage prägte er ein Wort, das gleichermaßen Orientierung an dem wichtigsten Glaubensinhalt wie auch subversiven Optimismus unkontrollierbaren Wachstums wie in einem christlichen Basissatz in sich vereinigt: »Liebe, und tue, was du willst. Denn aus dieser Wurzel kann nur Gutes hervorgehen.«

In den Fragen leben
statt Antworten geben

Quer über die ersten beiden Seiten stand die Widmung geschrieben. Nicht mit Tinte oder mit einem Goldstift, sondern schlicht mit einem Kugelschreiber: »*Die Antwort ist das Unglück der Frage*« (Maurice Blanchot, L'Entretien infini, 1969, 15). In der mir so vertrauten, gestochen scharfen Handschrift hatte mein Lehrer Professor Karlheinz Müller zum Tag meiner Priesterweihe die widerständigen Buchstaben eben dort platziert, wo andere Segenswünsche oder ein wohlgesetztes Bibelzitat hinterlassen hätten. Damit ich auch ja nicht übersehe, dass es ihm genau auf diesen einen Satz ankommt, war er zudem in roter Farbe unterstrichen. So lag sie vor mir, die kostbare Schmuckausgabe der Tora in hebräischer Sprache. Groß und schwer, in Leder gebunden und mit goldener Aufschrift auf dem Einband, ehrfurchtgebietend. Auf den ersten Blick ein würdiges Geschenk meines theologischen Lehrers, der mich ab dem ersten Semester im Fach Biblische Einleitung und Biblische Hilfswissenschaften unterrichtet hatte, bei dem ich meine Diplomarbeit anfertigte und für den ich schließlich bis zu seiner Emeritierung sechs Jahre lang als Assistent arbeiten durfte. Solch ein Geschenk stellt jeder gerne an gut sichtbarer Stelle in sein Regal oder legt es aufgeschlagen auf einen eigens dafür vorgesehenen Buchständer im Arbeitszimmer, um es Besucherinnen und Besuchern zu präsentieren: »Diesen kostbaren Band hat mir damals zu meiner Priesterweihe mein Professor geschenkt.« Damit wäre eigentlich alles gesagt.

Mein Lehrer hatte sich jedoch dafür entschieden, die ehrfürchtige Atmosphäre, die sich um einen frisch geweihten Priester verbreitet, zu unterbrechen und mir als Widmung stattdessen etwas ins »Stammbuch« zu schreiben, was auf der ersten Seite dieses kostbaren Schmuckbandes wie ein Stilbruch wirkte.

»Die Antwort ist das Unglück der Frage.« Es gehört schon einiges dazu, einem neu geweihten Priester, für dessen Erstlingssegen sich fromme Gläubige nach einem alten Sprichwort »die Schuhsohlen durchlaufen«, so einen Slogan mit auf den Weg zu geben. Noch dazu in das heilige Offenbarungsbuch von Juden und Christen geschrieben. In den Augen so mancher traditionell geprägter Kirchenmitglieder existiert ja immer noch die Vorstellung, mit der Priesterweihe würde einem Menschen nicht nur eine besondere Heiligkeit, sondern auch eine Kompetenz für alle Lebenslagen verliehen. Als junger Kaplan habe ich das noch so erlebt. Ältere Menschen mit Lebenserfahrung näherten sich mir beinahe unterwürfig, als wüsste ich jetzt mit meinen 26 Jahren Antworten auf alle ihre Fragen, die sich in ihrem langen Leben angehäuft hatten. Der Priester als ein Antwortgeber, ein Fachmann auf allen Gebieten, im Unterschied zu den sogenannten Laien, also zu all jenen Menschen, die ohne Weihe leben. Kein Wunder, dass bei einem solchen Priesterbild, das ich in den letzten Jahren vermehrt gerade wieder unter jungen Kollegen antreffe, so mancher sein schwaches Ego an der Weihe aufrichtet, diese vermeintliche Besonderheit genießt und selbst daran mitwirkt, dermaßen auf den Sockel gehoben zu werden. Es gibt nicht wenige Priester, die sich in der Rolle des wissenden Antwortgebers gefallen oder von anderen Menschen sogar erwarten, dass sie diese Rolle anerkennen. Genährt wird damit das Bild von einer Kirche, die mit dem Anspruch unterwegs ist, Antworten zu geben. Das führt in so manchen Predigten und kirchlichen Lehrschreiben sogar dazu, dass man den Eindruck hat, es werden Antworten auf Fragen gegeben, die eigentlich niemand gestellt hat.

Davor, so glaube ich, wollte mich mein Lehrer bewahren, als er mir sozusagen quer zu der in Gold gefassten, unhinterfragbaren Tradition ans Herz legte: Vergiss es nie, bei allem, was du tust auf deinem Weg in der Kirche. Die Fragen, die dir in deinem Beruf als Priester bei den Menschen und in deinem eigenen Leben begegnen, sind kostbar. Mach sie nicht kaputt. Sie brauchen allzu oft nicht deine Antwort, sondern deine Aufmerksamkeit. Er selbst misstraute immer jenen, die in der Kirche allzu schnell wohlformulierte Antworten auf den Lippen trugen und auf jede noch so unlösbare Frage eine fromm klingende Erklärung zur Hand hatten. Häufig handelt es sich dabei nicht um wirkliche, sondern um behauptete Antworten.

Ich kenne junge Priester, die in der Überzeugung leben, der Tag der Priesterweihe sei sozusagen der krönende Abschluss ihres Weges. Von nun an gäben sie nur noch Antworten. An den Fragen der Menschen sind sie dabei nicht interessiert. Sie predigen und handeln an ihnen vorbei. Ich erinnere mich an viele öffentliche Veranstaltungen mit Bischöfen, die von vornherein nach dem Prinzip angelegt waren: Die Zuhörerinnen und Zuhörer dürfen Fragen stellen, der Bischof antwortet.

Manchmal habe ich den Eindruck, die alte Kirche ist an ihren eigenen Antworten erstickt. Zu viele Hirtenworte entwickelten sich zu einer Ansammlung von Zitaten aus der Bibel, aus früheren kirchlichen Verlautbarungen oder päpstlichen Reden, die vor allem eines bewirkten: Sie ermüdeten die Gläubigen und manchmal vermutlich auch die Hirten, aus deren Feder sie hervorgingen. Es war die ständige Wiederholung dessen, was man auch vorher schon gewusst hatte, vollkommen überraschungsfrei.

In einem Brief an den jungen Dichter Franz Xaver Kappus schreibt Rainer Maria Rilke: »Sie sind so jung, so vor allem Anfang, und ich möchte Sie, so gut ich es kann, bitten, lieber Herr, Geduld zu haben gegen alles Ungelöste in Ihrem Herzen und zu versuchen, die Fragen selbst liebzuhaben wie verschlossene Stuben und wie Bücher, die in einer sehr fremden Sprache geschrieben sind. Forschen Sie jetzt nicht nach den Antworten, die Ihnen nicht gegeben werden können, weil Sie sie nicht leben könnten. Und es handelt sich darum, alles zu leben. Leben Sie jetzt die Fragen. Vielleicht leben Sie dann allmählich, ohne es zu merken, eines fernen Tages in die Antwort hinein.«

Wie sähe eine Kirche aus, die nicht denkt und beansprucht, sie sei selbst die Antwort auf alle Fragen? Wie sähe eine Kirche aus, die aufhört, ihre Antworten zu verteidigen und dafür anfängt, die Fragen liebzuhaben? Die sich und ihren Repräsentanten ein konsequentes Umdenken und Umkehren verordnet, sich selbst sozusagen ein Schweigen auferlegt und sich nur darauf konzentriert, Fragen, die in der Welt liegen, wahrzunehmen, zu verstehen und gemeinsam zu leben?

Gerade in der Situation des Bruchs, im Moment dieser unglaublichen Enthüllungen, die uns mit dem Aufdecken des Missbrauchs in der Kirche erreichen, wirken alle kirchlichen Verlautbarungen wie alte schale Antworten. Ich stelle mir vor, der Vorsitzende der Bischofskonferenz würde seinen Kollegen am Grab des heiligen Bonifatius ans Herz legen: »Viele glauben uns nicht mehr. Lasst uns deshalb jetzt für ein Jahr nur zuhören und wahrnehmen, was die Menschen sagen, denen *wir* so lange nicht geglaubt haben.«

Eine Kirche der Auferstehung ist eine Kirche, die nicht Antworten verwaltet, sondern in der Menschen gemeinsam »eines fernen Tages« in Antworten hineinleben. Die Kirche der Auferstehung ist eine Kirche, die sich an der Gestalt Maria Magdalenas, der ersten Auferstehungszeugin, orientiert. Sie wird in den Evangelien in verschiedenen Aufzählungen der Menschen, die Jesus nachfolgten, immer wieder unter den Frauen an erster Stelle genannt. In der Darstellung der Evangelisten Markus, Matthäus und Lukas ist sie bei der Kreuzigung und bei der Grablegung Jesu dabei. Sie gehört zu den

Frauen, die bei der Kreuzigung Jesu im Unterschied zu den Männern nicht reden und auch nicht weglaufen. Die Frauen bleiben. Sie harren bei Jesus in seiner schwersten Stunde aus. Sie weinen, sie haben Angst und fühlen sich ohnmächtig, sie wissen nicht, wie es weitergeht. Aber sie laufen nicht davon. Allen voran bleibt Maria aus Magdala.

Eine Kirche der Auferstehung bleibt bei den Menschen, die leiden, die nach dem Warum fragen. Das ist ihre erste Aufgabe. Und sie fängt nicht schon am Karfreitag an, Ostern zu behaupten. Ich habe Beerdigungen erlebt, bei denen von Kirchenvertretern so viel Gewissheiten über ein Leben nach dem Tod verbreitet wurden, dass ich den Eindruck hatte, der Prediger flüchtet sich in diese Behauptung, weil er selbst die offenen Fragen und die Realität des Todes nicht aushält. Anstatt bei den Menschen zu bleiben, die gerade anfangen zu begreifen, dass ein lieber Mensch nicht mehr da ist, laufen sie weg und reden darüber, dass der Tod besiegt sei und der Verstorbene nun das eigentliche Leben gewonnen habe. Manche kirchliche Rede vom »Sieg über den Tod« oder vom »Sinn des Leids« ist daher eher Flucht als echter Trost. Sie kann in solchen Situationen sogar zynisch wirken, weil trauernde und leidende Menschen wahrnehmen, dass sie mit ihrem Leid und ihren Fragen gerade alleingelassen werden. Erste Aufgabe einer künftigen Kirche wäre es, bei den Menschen mit ihren Fragen zu bleiben und es selbst auszuhalten, dass es nicht auf jede Frage, die Krankheit und Tod in das menschliche Leben hineintragen, eine schnelle Antwort gibt. Auf der Ebene der Erzählung der Evangelien bedeutet das: Wer nicht wie die Frauen beim Kreuz bleibt, wird die Auferstehung verpassen wie die Männer.

Die Kirche der Auferstehung bleibt in schweren Zeiten bei den Menschen. Sie ist bereit, Fragen mitzuleben. Der Trost, den sie gibt, ist ihre Präsenz. Vielleicht die intensivsten Momente auf meinem bisherigen Weg als Priester waren jene, in denen ich mich entschieden habe zu bleiben, obwohl mir eigentlich nach Weglaufen zumute war. Ich erinnere mich an Situationen, in denen ich darum gebeten wurde, sterbenden Menschen die Krankensalbung zu spenden und mich Angehörige nach dem Ritual automatisch verabschiedeten, weil sie es gewohnt waren, dass der Pfarrer kommt und nach verrichteten Gebeten sofort wieder geht. In dem Augenblick, in dem sie spürten, dass ich bleibe, entstand eine Verbundenheit zwischen uns, in der etwas Tröstliches lag. Irgendwann habe ich mir auch bei Beerdigungen angewöhnt, nicht gleich nach Abschluss der Rituale vom Grab wegzugehen, sondern in der Nähe der Angehörigen stehen zu bleiben. So oft haben mir die Betroffenen gesagt, sie hätten zum ersten Mal erlebt, dass ein Priester nicht gleich vom Grab wegläuft, »wenn er seine Arbeit getan hat«, sondern geblieben sei und als wie wertvoll sie das für sich empfunden hätten. Ich weiß, dass dieses Bleiben Kraft kostet. Ich habe auch erlebt, dass manchmal gerade da die eigentliche »Arbeit« beginnt, wo ich vielleicht lieber davonlaufen würde. Bei der Beerdigung einer Studentin bin ich in der Nähe ihrer Eltern und ihres Freundes am Grab stehen geblieben, bis alle anderen gegangen waren. Später wurde mir bewusst, dass dies meine eigentliche Predigt an diesem Tag war – ohne, dass ich dabei auch nur ein Wort gesagt hätte.

Ich denke aber auch an Studierende, die mit geflüchteten Menschen in Situationen von Abschiebungen ausgehalten haben und geblieben sind. In einem solchen Moment schrieb mir Lukas, der zusammen mit anderen die Abschiebung eines Freundes verhindern wollte: »Wir machen nichts oder nicht viel. Aber wir wollen für ihn da sein.« Dieses als ohnmächtig empfundene Dasein führte schließlich dazu, dass sich einige unter ein Polizeiauto gelegt haben – mit allen Konsequenzen, die diese Form der Präsenz für sie nach sich zog. Bleiben kann manchmal auch bedeuten: in konfliktschweren Situationen und auch in umstrittenen gesellschaftlichen Konstellationen den Platz an der Seite von Menschen zu suchen, die unter Ausgrenzung und auch unter geltenden Gesetzen zu leiden haben. Christsein nach dem Vorbild Maria Magdalenas hat viel damit zu tun, in schweren Momenten dazubleiben, Fragen ohnmächtig auszuhalten und auf Antworten zu verzichten, sondern – wenn überhaupt – behutsam in diese hineinzuleben.

Es sind wiederum die Frauen, die auch nach dem Tod Jesu bleiben und für dessen Würde sorgen, indem sie morgens zum Grab laufen, um ihn zu salben. Weil dies nicht möglich war, bevor er ins Grab gelegt wurde, wollten sie die Salbung sogar noch nachholen, nachdem das Grab schon verschlossen worden war. In der Ausnahmesituation, in der Jesus nach seiner Hinrichtung als Verbrecher dem Grab übergeben wurde, treten sie für seine würdevolle Bestattung ein. Allen voran wird wieder Maria aus Magdala genannt (Markus 16,1). Es ist dieses unbedingte Eintreten für die Würde eines Menschen, die Christsein nach ihrem Vorbild ausmacht.

Schließlich nennt auch die älteste Erzählung von der Auffindung des leeren Grabes wiederum Maria aus Magdala an erster Stelle. Ihre starke Präsenz in den Erzählungen rund um die Auferweckung Jesu deutet historisch darauf hin, dass sie in der frühen Kirche als die Erste galt, die den Glauben an die Auferweckung bezeugt hat. Doch die männlichen Apostel glauben ihr und den anderen Frauen nicht. Im Johannesevangelium läuft sie am Ostermorgen alleine zum Grab und kehrt voller Fragen zu den Jüngern zurück: »Sie haben den Herrn aus dem Grab weggenommen und wir wissen nicht, wohin sie ihn gelegt haben« (Johannes 20,2). Die Reaktion der Männer? Sie veranstalten einen Wettlauf zum Grab, stochern in den Leinentüchern herum und suchen dort kriminalistisch nach Fakten. Währenddessen steht Maria aus Magdala draußen und weint (Vers 11). Nicht den Männern, sondern nur ihr mit ihren Tränen und mit ihren Fragen erscheint in diesem Augenblick im Johannesevangelium der auferstandene Herr, der sie bei ihrem Namen nennt. Erst nach dieser langen Phase des Suchens, der Unsicherheit und des Fragens folgt dann auch ihr Auferstehungszeugnis in Form eines sehr persönlichen Bekenntnisses. Sie formuliert kein objektives Credo im Sinne von: »Der Herr ist auferstanden«, sondern spricht von sich und ihrer Erfahrung: »Ich habe den Herrn gesehen.« Bei Johannes ist die Auferstehung kein spektakuläres Weltereignis, sondern die Erfahrung wirklicher Begegnung zwischen Maria und dem Auferstandenen – voller Nähe und Vertrautheit. Die eigentliche Erfahrung der Auferstehung passiert in dem Moment, in dem sich Maria mit ihrem Namen angesprochen fühlt.

Eine Kirche der Auferstehung in der Spur der ersten Auferstehungszeugin ist eine fragende, nichtwissende, ja auch weinende, weil empathische Kirche. Sie lebt mit den Unsicherheiten und verzichtet auf Faktenchecks und Antworten. Sie ist glaubwürdig, weil sie den Erfahrungen mehr Bedeutung beimisst als den Formeln. Ihre Vertreter sprechen nur von dem, was sie persönlich erlebt haben.

Dorothee Sölle formuliert diese Art zu glauben und Christ zu sein in ihrem Buch »Mutanfälle« mit den wunderbaren Worten:

»Am Ende der Suche
und der Frage nach Gott
steht keine Antwort
sondern eine Umarmung.«

Schließlich denke ich noch einmal an meinen Lehrer Karlheinz Müller und seine Widmung zurück, die er mir zu meiner Priesterweihe in die Tora hineingeschrieben hat. Da stand eben nicht nur dieser herausfordernde Satz »Die Antwort ist das Unglück der Frage« auf der rechten der beiden leeren Doppelseiten. Links daneben hatte er noch etwas geschrieben, als wollte er mir einen Rat geben, ganz so wie der ältere Dichter Rilke dem jungen Franz Xaver Kappus. Seit dem Tag meiner

Priesterweihe halte ich mich an diesem Rat fest. Ich erlebe immer wieder, dass es möglich ist, auf dem Weg der Erforschung biblischer Texte gleichzeitig Fragen zu lieben, wie es Rilke formuliert, und in die Antworten, die tatsächlich den Bedürfnissen von Menschen in der Gegenwart entsprechen, hineinzuleben: »*Solange die Schriftgelehrten sie erforschen, ist die Tora nicht vollständig, sondern nur eine Hälfte. Erst durch die Forschungen der Schriftgelehrten wird die Tora zu einem vollständigen Buch. Denn die Tora muss in jeder Generation nach den Bedürfnissen eben dieser Generation erforscht werden!*

Und Gott erleuchtet die Augen der Schriftgelehrten jeder Generation, sodass sie in seiner Tora das ihr Entsprechende entdecken« (Efrajim aus Sedylkov, Degel Machesch Efrajim, 1808, Blatt 3a).

Anerkennen
statt urteilen

Mit einem schelmischen Ausdruck auf dem Gesicht gibt mir der Student am Ausgang unserer Kapelle die Hand: »Weißt du, Burkhard, heute zweifle ich ein bisschen daran, dass ich wirklich so ungläubig bin, wie ich immer geglaubt habe.« Ich begreife sofort, was er damit meint.

Es ist Sonntagabend. Wie nach jedem Gottesdienst in der Hochschulgemeinde stehe ich auch heute an der Kapellentür und verabschiede die Mitfeiernden persönlich. Es ist ein besonderer Tag. Ein junger Mann hat sich heute nach langer Vorbereitung taufen lassen. Er und der »An-seiner-Ungläubigkeit-Zweifelnde« engagieren sich gemeinsam im asylpolitischen Arbeitskreis.

Erwachsenentaufen sind selten und für mich auch immer ein bisschen eine Gratwanderung. Schließlich habe ich schon zu viele Priester erlebt, die Erwachsenentaufen als »Missionserfolg« feiern und die Getauften später wie eine Trophäe vorzeigen. In dieser Hinsicht fehlt mir jeder missionarische Eifer. Andererseits habe ich in den Wochen der Vorbereitung in den gemeinsamen Gesprächen erlebt, dass es für mich sehr wertvoll ist, jemanden auf diesem Weg begleiten zu dürfen. Wenn ein anderer Mensch in diesen Gesprächen für sich entdeckt, was für ihn wesentlich am Christsein ist, dann geht es nicht um Weitergabe von Wissen, sondern es geht auch um mein Christsein als Gesprächspartner. Ab und zu denke ich mir während der Taufvorbereitung: Wenn hier jemand missioniert wird, dann bin ich es. So ist es auch diesmal. Mit dem Taufkandidaten habe ich vereinbart, dass er statt eines Glaubensbekenntnisses einige für ihn zentrale Worte aus der Bibel im Gottesdienst vorstellen kann. Vorher fragte er mich etwas unsicher: »Ist es eigentlich in Ordnung, wenn alle Bibelstellen, die ich mir ausgesucht habe, von der Liebe handeln?«

Als er im Gottesdienst mir gegenübersteht und etwas zu diesen Schriftworten sagt, habe ich seine Freundinnen und Freunde, die er zu der Feier eingeladen hat, mit im Blick. Sie haben sich direkt hinter ihm in der zweiten Reihe positioniert. Ich weiß, dass die meisten von ihnen normalerweise kirchliche Rituale meiden. Und sie haben ihre Gründe dafür, denn sie fühlen sich schnell etikettiert – als »gottlos«, »links« oder »anarchistisch«. Alles Bezeichnungen, die herkömmlich nicht unbedingt die Kirchenzugehörigkeit ausweisen. Und natürlich gibt es umgekehrt auch Etikettierungen, die manche von ihnen für die Kirche in sich tragen. Eine solche habe ich direkt vor dem Gottesdienst erlebt: Abgehetzt und in der Erwartung, zu spät zur Taufe zu kommen, rannte eine Studentin auf die Kapellentür zu, betrat hastig den Gottesdienstraum und trat sofort wieder hinaus. Sie schaute sich suchend um, bis ich sie dann doch fragte: »Kann ich dir irgendwie helfen?« Ziemlich verwirrt blickte sie mich an, weil sie mich offensichtlich in diesem Augenblick vor der Kapelle im priesterlichen Gewand irgendwie nicht mit dem Raum zusammenbrachte, den sie eben betreten und gleich wieder verlassen hatte. »Ja, ich bin zu der Taufe eingeladen, aber ich dachte, die findet in einer Kirche statt.« Ich deutete zurück in den inzwischen vollbesetzten Kapellenraum, der übrigens alles aufweist, was eine Kirche ausmacht und in dem die Teilnehmenden in einem Oval aus mehreren Stuhlreihen rund um den Altar saßen. »Du bist hier richtig. Das ist eine Kirche, das ist unsere KHG-Kapelle.« Die Studentin machte mit einem ungläubigen »Ok?« wiederum auf dem Absatz kehrt und betrat erneut den Gottesdienstraum, immer noch mit deutlich fragendem Blick. In ihrem Gesichtsausdruck hatte sich ein gewisser Restzweifel erhalten: Ob die Information, die der Typ im weißen Gewand ihr vor der Tür gegeben hatte, wirklich stimmte? Ein heller, freundlicher Raum, in dem viele junge Leute sitzen, kann doch keine Kirche sein! Dann war ihre Unsicherheit aber doch schnell verschwunden. Sie hatte ihre Freundinnen und Freunde entdeckt, die sich gemeinsam in eine Reihe hinter den Täufling gesetzt hatten.

Einige von ihnen kenne ich, allerdings weniger aus den Gottesdiensten in der Kirche, sondern eher von Demonstrationen auf der Straße. Den »An-seiner-Ungläubigkeit-Zweifelnden« kenne ich gut. Er hat sich irgendwann einen wohlklingenden italienischen Decknamen gegeben, mit dem ihn alle in der Öffentlichkeit ansprechen – aus Schutz vor der Nazi-Szene, über die er schon länger gründliche Recherchen anstellt und auch

Vorträge hält. Aber auch staatliche Behörden haben ihn immer wieder im Visier, weil er sich in der örtlichen Antifa engagiert und deshalb von vornherein in den Augen mancher Staatsschutzbeamten als »linksradikal« eingestuft wird. Ein Mensch, der mit seinen jungen Jahren unter Beobachtung steht. Er weiß aus einigen für ihn kritischen Situationen, die ich mit ihm erlebt habe, und aus Gesprächen, die wir geführt haben, dass ich ihn nicht beobachte, sondern seine Haltung anerkenne.

Eine bunte Mischung ist das also in diesem Taufgottesdienst. Neben den »Gottlosen« und »Linksradikalen« sitzen Studierende, die jeden Sonntag in die Kapelle der Hochschulgemeinde kommen und auch zu Hause in ihrer Heimatgemeinde fest verwurzelt sind. Wie immer sind da auch einige ehemalige und aktuelle Dozentinnen und Dozenten und Menschen, die irgendwann den Gottesdienst in der KHG für sich entdeckt haben und immer da sind. Das Tagesevangelium präsentiert einen Abschnitt aus den Abschiedsreden Jesu im Johannesevangelium. Da sich der Taufkandidat vor allem durch die christliche Liebesbotschaft angezogen fühlt, spreche ich in der Predigt über den Auftrag Jesu: »Bleibt in meiner Liebe!« (Johannes 15,9). »In der Liebe Jesu zu bleiben, bedeutet nicht: Seid nett zueinander!«, sage ich in meiner Ansprache. »In der Liebe Jesu zu bleiben, bedeutet nicht, lieb zu sein im Sinne von Bravsein. Manchmal kann das Bleiben in der Liebe Jesu auch bedeuten: Bleibe an der Seite derer, die ohnmächtig sind oder ausgegrenzt werden. Beziehe Position!« Allmählich wird die Reihe hinter dem Taufkandidaten etwas unruhig und beginnt zuzuhören. Sie fühlen sich offensichtlich angesprochen. »Vielleicht kann das Bleiben in der Liebe Jesu sich sogar darin ausdrücken, dass ich mich auf die Straße setze und einen Aufmarsch von Nazis blockiere, die auf Transparenten menschenfeindliche Parolen mittragen.« Vielleicht ist es dieser Satz, der den »An-seiner-Ungläubigkeit-Zweifelnden« dazu bewegt, mir später diese vielsagende Rückmeldung zum Gottesdienst zu geben, denn genau aus diesem Grund, den ich in der Predigt anerkennend mit der Liebe Jesu zusammendenke, hat er schon mehrfach vor Gericht gestanden und wurde dort verurteilt.

»Weißt du, Burkhard, heute zweifle ich ein bisschen daran, dass ich wirklich so ungläubig bin wie ich immer geglaubt habe.« Diesen Satz verstehe ich nicht nur als ein grundehrliches und dazu originelles Kompliment für meine Predigt, er offenbart auch, dass sich der Mensch hinter dem Satz irgendwann diese Fremdzuschreibungen und Etikettierungen zu eigen gemacht hat.

Die Erwartung, die die jungen Leute in der zweiten Reihe mit in den Taufgottesdienst gebracht haben, war vermutlich immer noch: Na ja, hier werde ich sowieso wegen meines Aussehens, meiner widerständigen Lebensweise oder auch nur, weil ich sonst nicht in die Kirche gehe, als ungläubig angesehen. Reste dieser Erwartung haben sich selbst bei denen erhalten, die wissen, dass sie in der Hochschulgemeinde anderes erwarten dürfen. Viel zu lange wurde aber in der Kirche das Urteilen und Abwerten praktiziert. Das wirkt selbst in einer Generation nach, die Kirche selbst gar nicht mehr so erlebt hat.

Zu stark haben sich in die kollektive Erinnerung Etiketten eingeprägt, die man einfach mit Kirche verbindet.

Die Einteilungen in »Sünder« und »Heilige«, in »drinnen« und »draußen«, »gläubig« und »ungläubig« sind ein Markenzeichen der alten Kirche, die gerade stirbt, der nur wenige wirklich nachweinen und an deren Grab auch ich nicht so wirklich traurig sein kann. Traurig bin ich immer wieder darüber, was aus der Botschaft Jesu in der Kirche, die sich auf ihn beruft, geworden ist. Aber jetzt ist es ja vielleicht vorbei damit. Durch den Bruch, in dem wir gerade stehen, haben sich alle lange gehüteten Urteile und Etikettierungen ins Gegenteil verkehrt. Die sich in ihrer »Heiligkeit« gefielen, sind als »Sünder« überführt. Die andere Menschen gerne als »Sünder« etikettierten, haben selbst schwere Schuld auf sich geladen.

Osho, der indische Philosoph und Begründer der Neo-Sannyas-Bewegung, vermutet, dass hinter der Einteilung der Welt in »Sünder« und »Heilige« eine perfektionistische, das Leben und die Welt letztlich vergiftende Haltung steht. Die Vertreter dieser zerstörerischen Haltung reden eigentlich nur von Heiligen, weil sie damit die Möglichkeit haben, andere Menschen als Sünder zu verurteilen und Macht über sie zu gewinnen. Je heiliger die Kirche ist, die sie behaupten, desto größer ist das Gefälle zu den »sündigen« Menschen und desto mehr Macht hat diese Kirche über diese: *»Sie sagen: ›Werde wie Jesus.‹ Dabei haben sie nicht das geringste Interesse an Jesus. Wenn Jesus hier wäre, wären sie die Letzten, die zu ihm gingen. Das dient ihnen nur als ein*

Mittel. Du kannst nicht wie Jesus werden, und damit bist du ihr Opfer. Sie verurteilen dich ständig. Sie stellen Werte auf, eine Moral, eine puritanische Haltung. Sie sind die Moralisten, die Moralisierenden; sie sind die großen Vergifter dieser Welt« (Osho, The Passion for the Impossible: A Darshan Diary, 1978).

Die Zuschreibungen von »heiliger Kirche« und »sündiger Welt« haben noch nie gestimmt. Vom heiligen Schein der Kirche ist nicht mehr viel übriggeblieben. Er ist mit ihr ins Grab gesunken. Und mit ihm außerdem – so wünschte ich es mir – das zerstörerische Machtinstrument dieser »heiligen« Kirche: alle Urteile über Menschen, die man als »sündig« oder »ungläubig« abgestempelt hat. Dabei ist es nicht so, dass Einteilungen und Abwertungen ein speziell kirchliches Phänomen wären. Aber je höher der Sockel ist, von dem aus man Urteile über Menschen spricht, desto tiefer ist nun einmal der Fall, wenn man selbst der Schuld überführt wird.

Etikettierungen machten schon Jesus von Nazaret zu schaffen. Einer meiner theologischen Lehrer sprach im Blick auf die folgende Stelle gerne augenzwinkernd vom Beleg für den ältesten Hoheitstitel, der Jesus übertragen wurde: »Denn Johannes ist gekommen, er isst nicht und trinkt nicht und sie sagen: Er hat einen Dämon. Der Menschensohn ist gekommen, er isst und trinkt und sie sagen: Siehe, ein Fresser und Säufer, ein Freund der Zöllner und Sünder!« (Matthäus 11,18–19). Diese Zuschreibungen sind so anstößig, dass sie nicht erst durch die Evangelisten geprägt worden sind wie so viele Sätze in den Jesuserzählungen. Wahrscheinlicher ist, dass der Vorwurf, Jesus sei ein Fresser und Weinsäufer, tatsächlich zu den Zeiten seines Wirkens gegen ihn erhoben wurde und sich bis hinein in das frühe Christentum als Vorbehalt gegen die Christen bewahrt hatte. Christen sind Leute, die ihr Leben an einem ausrichten, der dafür bekannt war, dass er »schlechten Umgang« hatte und mit zwielichtigen Gestalten Feste feierte.

Ihm war das offensichtlich nicht nur egal, sondern es war zentraler Bestandteil seines Umkehrrufs und seiner Botschaft vom Reich Gottes. Dieses verlangt ein vollkommen neues Denken, einen ganz anderen Blick auf den Menschen. Jesus scheint damit zu sagen: »Hört endlich auf damit, Menschen zu beurteilen und abzuwerten, sondern fangt an, hinter der Sünde die Bedürftigkeit und hinter der Krankheit die Sehnsucht nach Heilung zu sehen.«

Ich erinnere mich daran, wie ich zu Beginn meines beruflichen Lebens zu Schuljahresanfang in das Klassenzimmer einer dritten Klasse der Grundschule kam. Ich sollte dort Religionslehre unterrichten. Das Erste, was mir auffiel, war eine Postkarte in einem goldenen Rahmen auf dem Lehrerpult. Die Klassenlehrerin hatte sie dort so aufgestellt, dass sie immer in ihrem Blick war, wenn sie vom Pult aus in Richtung Klasse schaute. Darauf war zu lesen: »Wir sind nicht auf der Welt, um zu urteilen und zu verurteilen, sondern um zu helfen und zu heilen.« Ich wünschte mir, dieser Satz stünde auf jeder Kanzel, in jedem Beichtstuhl und in jedem kirchlichen Gesprächszimmer. Er fasst im Grunde zusammen, was die Evangelien über das Leben Jesu berichten. Das macht Christsein aus. Und wenn es denn so etwas geben sollte wie einen Neuaufbruch von Christinnen und Christen in einer »umgekehrten« Kirche, dann ist diese Kirche eine Gemeinschaft der »unetikettierten« Menschen.

Die Kirche, die sich der Reich-Gottes-Botschaft Jesu verpflichtet weiß, ist eine Gemeinschaft von Menschen, die alle um ihre eigene Bedürftigkeit und um ihre Sehnsucht nach Heilung wissen. Christen erkennt man in dieser Gemeinschaft daran, dass sie nicht abwerten, sondern Menschen mit ihren oft so vielschichtigen Lebensgeschichten als das achten, was sie in den Augen Jesu sind: Bilder Gottes. Diese Kirche der Auferstehung forscht nicht nach Sünden, sondern nach dem Guten, das in jedem Menschen ist. Sündenregister gibt sie der »alten Kirche« mit ins Grab. In dieser Gemeinschaft werden die gemeinsamen Mahle Jesu als das weiter-gefeiert, was sie ursprünglich waren: Sinnbild für die neue Welt Gottes, in der alle Menschen gleichermaßen willkommen sind am Tisch Gottes. Konkret hieße das: Zum Abendmahl müssen alle eingeladen sein. Es ist ein Ärgernis, dass diese gemeinsamen Mahlzeiten Jesu, die ihm den Titel »Freund der Zöllner und Sünder« einbrachte, zu einem Ort pervertiert sind, an dem in der Kirche die meisten Urteile gefällt wurden: wer wirklich würdig ist, ob jemand auch tatsächlich das katholische Abendmahlsverständnis teilt oder aus unterschiedlichen Gründen – und sei es nur die »falsche« Konfessionszugehörigkeit – nicht zugelassen werden darf. Die Kirche Jesu feiert nicht mehr länger Mahle, zu denen nur

Ausgewählte zugelassen werden, sondern zu denen alle, wirklich alle, eingeladen sind.

Es gibt in der Würzburger Augustinerkirche einen Ort, der für mich der schönste Kirchenraum der Stadt ist. Dabei ist es eigentlich nur ein Eingangsbereich, ein Windfang. Dort ist auf einer großen Rost-Stahlwand in goldenen Lettern ein Wort zu lesen, das dem heiligen Augustinus zugeschrieben wird. Jeder Mensch, der die Kirche mitten in der Fußgängerzone betritt und über die Schwelle tritt, liest zuerst diese Worte: »*Ich will, dass Du bist.*« Der Satz kann als Zusage Gottes an jeden Menschen gelesen werden, aber auch als Versprechen derer, denen ich in diesem Kirchenraum begegne. Wer hier eintritt, ist als Mensch willkommen und darf sein. Ich muss nicht gut oder gläubig sein, ich muss nicht gesund oder erfolgreich sein, denn hier treffe ich auf Menschen, die einfach wollen, dass ich Ich bin. Hier werde ich nicht beurteilt, schon gar nicht abgewertet, niemals. Hier werde ich gesehen, nicht schwarz-weiß, sondern mit meinen vielen Farben und Grautönen, die mein Leben aufweist. Ich werde wirklich gesehen, nicht beobachtet.

Vielleicht wäre ein erster symbolischer Schritt in Richtung einer Gemeinschaft von Christen, die mit einer neuen Vision von Christsein unterwegs ist: Wir laden zu unserem Abendmahl tatsächlich von jetzt an alle Menschen ein, die daran teilnehmen wollen. Wir lassen die alte Angst der untergegangenen Kirche hinter uns, Sakramente könnten »verschleudert« werden oder die Eucharistie in »unwürdige« Hände gelangen. Ja, »verschleudern« wir Sakramente, denn sie sind Zeichen der Liebe Gottes, die sich verschwendet. Legen wir das Brot in die Hände »Unwürdiger«, denn das Mahl in der Nachfolge Jesu beinhaltet die Zusage: Vor Gott und für unsere Gemeinschaft bist du würdig, nicht, weil *du* irgendwelchen Ansprüchen genügst, sondern weil *wir* deine Würde sehen. Nach einem Jahr, in dem wir so offen zur Teilnahme am Abendmahl eingeladen haben, lasst uns zusammensitzen und ehrlich die Frage beantworten: Ist in diesem Jahr etwas verlorengegangen oder hat die Eucharistie an Kraft gewonnen?

An den Eingangstüren der Kirchen stünde das Versprechen »Ich will, dass Du bist«. Und wer die Kirche verlässt und vorher immer unter Urteilen gelitten hat, denen er Glauben geschenkt hat, würde am Ausgang sagen: »Heute zweifle ich ein bisschen daran, dass ich wirklich so ungläubig bin, wie ich immer geglaubt habe.«

Überraschung
statt Verwaltung

»*Jesus kündigte das Reich Gottes an, gekommen ist die Kirche.*« Als der Priester und Bibelwissenschaftler Alfred Loisy diesen provokanten Satz formulierte, wollte er damit die Kirche eigentlich noch retten. Ihm und anderen Wissenschaftlern, die der theologischen Strömung des »Modernismus« zugerechnet werden, war daran gelegen, die wissenschaftlichen Erkenntnisse des 19. Jahrhunderts mit der kirchlichen Tradition zu verbinden. Im Grunde ging es ihnen um eine Kirche der Moderne, die sich ganz der Idee des Humanismus verpflichtet weiß und vor allem die Ergebnisse der wissenschaftlichen Erforschung der Bibel in ihre Lehre aufnimmt. Mit diesem Versuch sind die Modernisten zu Beginn des 20. Jahrhunderts gescheitert. Einige Wissenschaftler widerriefen ihre Positionen und behielten so ihre kirchliche Lehrerlaubnis. Alfred Loisy blieb bei seiner Haltung und wurde 1908 exkommuniziert.

Der resignative Satz vom Kommen der Kirche überlebte jedoch im Gedächtnis gerade der biblischen Wissenschaften, die sich immer wieder in kritischer Spannung zu einer Kirche vorfanden, die sich selbst an die Stelle des von Jesus angekündigten Reiches Gottes setzte.

Diese Spannung rührt daher, dass die Rede Jesu vom Reich Gottes sowohl in der Form als auch im Inhalt nach ganz anderen Regeln verläuft, als es die spätere Kirche als Institution und es bereits zur Zeit Jesu weite Teile des Judentums zuließen. Wenn es etwas gibt, was Institutionen zutiefst suspekt ist, dann ist es die Überraschung. Überraschungen sind in den Augen des institutionellen Betrachters die vielleicht unangenehmste Form des Kontrollverlustes. Die Verkündigung des Reiches Gottes ist aber nichts anderes als die Ansage von Überraschungen, die sich gänzlich dem Einfluss des Menschen entziehen. Im Zentrum der Botschaft Jesu steht die Ankündigung des überraschenden Handelns Gottes am Ende der Tage. Das beginnt schon mit dem Zeitpunkt seines Kommens. Wann die Endereignisse eintreten, weiß niemand, »auch nicht die Engel im Himmel, nicht einmal der Sohn, sondern nur der Vater« (Markus 13,32). Schon innerhalb der Evangelien lässt sich ablesen, wie sich jedes geordnete institutionelle Denken gegen ein solch unkontrollierbares Kommen des Reiches Gottes sperrt. Bei Matthäus ist es eine kleine Veränderung gegenüber dem älteren Markusevangelium, die erkennen lässt, dass sich mit zunehmendem Ausbleiben des Reiches Gottes das alte Ordnungsdenken zurückmeldet: Markus 13, 14–23 beschreibt die Endereignisse als katastrophales Geschehen, das vollkommen überraschend mitten in den Alltag der Menschen hereinbricht. Bei der Feldarbeit, auf dem Dach, mitten in der Schwangerschaft werden die Geschehnisse das Leben des Menschen unterbrechen. Es bleibt nicht einmal mehr Zeit, noch schnell im Haus einen Mantel zu holen. An dieser Stelle regt sich bei Markus dann doch sein Mitgefühl für die Menschen, die diesen Tag des Endes erleben, wenn er schreibt: »Betet darum, dass es nicht im Winter geschieht!« (Markus 13,18). Wenn also das Ende schon überraschend kommt, dann bitte nicht zu einer Zeit, in der man auf der Flucht vor den Endereignissen frieren muss. Matthäus ergänzt für seine Gemeinde, die hauptsächlich aus Judenchristen bestand: »Betet darum, dass eure Flucht nicht im Winter oder an einem Sabbat geschieht!« (Matthäus 24,20). Das plötzliche Kommen des Endes soll dann bitte doch nicht so überraschend sein, dass es alle religiösen Ordnungen über den Haufen wirft und man im schlimmsten Fall den Sabbat deswegen nicht halten kann.

Es ist aber nicht nur das überraschende und durch kein menschliches Tun beeinflussbare Kommen des Reiches Gottes, das an sich jedem institutionellen Denken zuwiderläuft. Vor allem, *was* da kommen soll, entzieht sich jeder Kontrolle und offenbart einen Gott, der so ganz anders handelt als wir Menschen es bisher kannten. Davon erzählen vor allem die Reich-Gottes-Gleichnisse Jesu. Sie zeichnen sich dadurch aus, dass es meistens an ihrem Ende ein Überraschungsmoment gibt, auf das die ganze Erzählung zuläuft. Da wird zum Beispiel davon erzählt, mit dem Reich Gottes verhalte es sich wie mit einem Weinbergsbesitzer, der die Tagelöhner nicht nach verrichteten Arbeitsstunden bezahlt, sondern allen am Ende des Tages den gleichen Lohn aushändigt (Matthäus 20,1–16). Ein absurdes und vollkommen unerwartetes Ende der Geschichte. Das Reich Gottes funktioniert offensichtlich nicht nach dem Prinzip von Leistung und entsprechendem Lohn. Bei der von Lukas geschilderten Begegnung Jesu mit der Sünderin im Haus des Pharisäers (Lukas 7,36 – 50) vergleicht Jesus Gott mit einem Geldverleiher, der seinen Schuldnern die Schuld einfach erlässt und damit also von vornherein seinen Beruf ad absurdum führt. Das Reich Gottes, so wie es Jesus verkündet, stellt die Welt mit ihren bisher geltenden Ordnungen auf den Kopf. Nichts scheint mehr berechenbar, schon gar nicht das Handeln Gottes.

Anstelle des Reiches Gottes aber kam eine Kirche, die im Lauf ihrer Geschichte detaillierte Tabellen entwickelte, in denen die Schwere der Sünden mit jeweils zu verordnenden Strafen verrechnet wurde. Anstelle des Reiches Gottes entwickelte sich eine Kirche, in der das Maß an Frömmigkeitsübungen mit der zu erwartenden Zuwendung Gottes belohnt wurde. Ganze Generationen wuchsen mit der Botschaft auf, die sie als Kinder von ihren Eltern oder von Pfarrern vermittelt bekamen, der liebe Gott freue sich über jeden Kirchenbesuch und sei entsprechend traurig, wenn man als Kind ein Gebet oder einen Gottesdienst versäume. Reste von dieser Haltung erhalten sich bis in unsere Tage, prägen nach wie vor offizielle Gebete in der Liturgie und bestimmen erst recht immer noch das Bild, das viele Menschen von der Kirche und von Christsein haben.

Wie anders wollte Jesus von Nazaret vermutlich die Beziehung zu Gott verstanden wissen. Schon zu seinen Lebzeiten bahnte sich deshalb ein Konflikt zwischen ihm und den religiösen Institutionen an. Im Mittelpunkt der

Auseinandersetzung stand die alles überragende und das gesamte Leben gläubiger Juden bestimmende Institution, der Tempel in Jerusalem. Die Sündenvergebung, die dem Tempel vorbehalten war, praktizierte Jesus auf der Straße (Markus 2,1–12). Er stellte den Tempel jedoch nicht nur als religiöses Ordnungssystem in Frage, sondern kritisierte auch die Verquickung von Geld und Religion, für die der Tempel als Finanzzentrum mit eigenen Tempelsteuern stand. In einer Art prophetischer Zeichenhandlung, wie sie in der Geschichte von der Tempelreinigung angedeutet wird (Markus 11,15–19), oder auch nur mit einem markanten prophetischen Wort (Markus 13,1–2) griff er den Tempel direkt an. Seine fundamentale Kritik am Tempel war schließlich der Grund, dass römische und jüdische Institutionen zusammenwirkten, um ihn zu verurteilen. Auch seine Haltung zum Sabbat und zur Einhaltung von Reinigungsvorschriften führten ihn immer wieder in Konflikte mit der institutionellen Seite von Religion. Ein Gesetzesverständnis, das sich verselbstständigt hatte und die Ordnung über den Menschen stellte, traf auf Jesu Ablehnung. Für ihn hatte jede Ordnung, und war sie noch so heilig und scheinbar unabänderlich, dem Menschen und seinem Leben zu dienen: »Der Sabbat wurde für den Menschen gemacht, nicht der Mensch für den Sabbat« (Markus 2,27).

Immer deutlicher wurde für die Umgebung Jesu: Ein Gott, der so überraschend anders handelt, und ein Reich Gottes, dessen Prinzip es ist, bisher geltende Ordnungen auf den Kopf zu stellen, stehen in einem grundsätzlichen Kontrast zu jeder Institution, die nach den Prinzipien von Ordnung und überraschungsfreier Ruhe funktioniert. Zudem stellen sie die institutionellen Bewahrer und Verwalter »heiliger« Ordnungen in Frage, deren Bestreben es ist, dass sich nichts ändert.

Mitunter kommt mir die alte Kirche wie ein Verwaltungsgebäude vor, in dem die Abläufe nach innen weiter perfektioniert werden, das aber keine Türen nach draußen besitzt. Darin arbeiten Menschen, die Dinge verwalten, die draußen niemand braucht. Aber die Menschen drinnen brauchen die Dinge, die sie verwalten, damit sie eine Daseinsberechtigung haben. Sie verweigern sich der Veränderung. Sie sagen, sie müssten Wertvolles bewahren. Aber nicht um des zu Bewahrenden willen wird dort verwaltet, sondern um der Verwalter und ihrer Macht willen. Endlose Diskussionen um die Eucharistie erwecken bei mir genau diesen Eindruck. Was ist hier eigentlich das Wertvolle, dass es zu bewahren gilt? Dass nur geweihte Priester-Männer der Eucharistie vorstehen können, hat weniger mit der Eucharistie zu tun, als vielmehr mit der Daseinsberechtigung »heiliger Männer«, die bestimmte Befugnisse für sich reservieren. Ohne den Vorbehalt, dass nur sie der Eucharistie vorstehen dürfen und jenen Augenblick verwalten, in dem Christus in Brot und Wein gegenwärtig wird, verlören sie ihre Besonderheit. Manchmal frage ich mich: Sind die Priester eigentlich für die Eucharistie da oder ist die Eucharistie für die Priester und ihre Daseinsberechtigung da? Geht es um die Bewahrung des Auftrags Jesu, sein Mahl weiterzufeiern, oder geht es letztlich um die Verteidigung eines von Männern dominierten Beamtenpriestertums,

das sich im Lauf der Kirchengeschichte in Anlehnung an patriarchale Gesellschaftsstrukturen verfestigt hat?

Sich für die Überraschungen, die das Reich Gottes für uns bereithält, zu öffnen, könnte bedeuten: Wir sehen den Zusammenbruch der alten Kirche als Anruf Gottes an uns Christen, jetzt nach etwas ganz Neuem, bisher nicht Gekanntem Ausschau zu halten. Doch was passiert bisher? Wenn in den letzten Jahren in der Kirche von Reformen oder von Erneuerung die Rede war, dann ging es dabei meistens um die Neustrukturierung volkskirchlichen Gemeindelebens unter dem Vorzeichen des Priestermangels. In vielen Diözesen werden immer größere Seelsorgeeinheiten gebildet, an deren Spitze weiterhin Priester stehen. Bei dieser »Mangelverwaltung« schien die leitende Frage zu sein: Wie schaffen wir es, kirchliches Leben um immer weniger Priester herum zu organisieren? Unangetastet blieb bei all dem der Vorrang der priesterlichen Leitung, die weiterhin Männern vorbehalten ist. Bei der Auswahl derer, die zum Priesteramt zugelassen werden oder die aus anderen Ländern als Priester nach Deutschland kommen, spielt die Fähigkeit, große Seelsorgeeinheiten zu leiten, kaum eine Rolle. Die betroffenen Priester fühlen sich immer häufiger überfordert und die Gemeinden sehen sich vor der Aufgabe, diese Überforderung oder auch die mangelnde Eignung ihrer Priester irgendwie zu managen. Ins Zentrum der Aufmerksamkeit rücken neben dem Priester*mangel* zusehends und als eigentliches Hauptproblem die Priester*mängel*.

Wirkliche Umkehr in der Kirche verlangt die Abkehr von dieser Fixierung allen kirchlichen Lebens auf das Priesteramt unter den alten Vorzeichen. Die alles überragende Frage darf nicht länger sein: Wie organisieren wir noch größere Verwaltungseinheiten mit noch weniger Priestern? Die bestimmende Frage einer christlichen Gemeinschaft, die mit überraschenden Aufbrüchen rechnet, statt Gräber zu verwalten, wäre: Wo sind Orte, an denen uns wider Erwarten Reich-Gottes-Denken begegnet? Wie leben wir möglichst glaubwürdig Sündenvergebung auf der Straße? Das bedeutet: Wie schaffen wir es, das Heilige an alltäglichen Orten zu entdecken? Wie schaffen wir Strukturen, die dem unplanbaren Leben von Menschen wirklich dienen – mit all seinen Überraschungen, mit dem vielen, was nicht machbar ist? In der Situation des katastrophalen Endes einer Institution, die nicht zuletzt an ihrer eigenen Überheblichkeit und dem Anspruch ihrer angeblichen Heiligkeit zusammengebrochen ist, geht es nicht mehr um Reformen. Es geht um etwas gänzlich Neues.

Warum nicht heilige Räume im wörtlichen und im übertragenen Sinn öffnen und warten, was geschieht? Warum nicht eucharistische Mahle feiern, die wirklich an den Mahlen Jesu anknüpfen und zu denen offensiv alle eingeladen werden? Der Auftrag Jesu lautete doch nicht: »Sorgt dafür, dass es von nun an einen männlichen Priesterstand gibt!« Der Auftrag Jesu, wie er beim ältesten Autor des Neuen Testaments erhalten ist, legt den nachfolgenden Generationen ans Herz, weiterhin in Erinnerung an den Herrn und in seinem Sinne Brot und Wein zu teilen (1 Korinther 11,23–26).

Voraussetzung für eine Kirche, die sich nicht selbst an die Stelle des Reiches Gottes setzt, wäre, dass von dem

Bild einer Kirche Abschied genommen wird, die ewige Wahrheiten verwaltet. Die Grundhaltung wäre nicht das Bewahren und das Verwalten, sondern das Suchen und das Bereitsein.

Mein persönliches Suchen und Bereitsein konzentrierte sich in den letzten Jahren immer mehr auf Orte außerhalb traditioneller kirchlicher Strukturen. Ich habe für mich entdeckt, dass die Botschaft Jesu vom Reich Gottes dort konkret wird, wo Menschen heute nach mehr Gerechtigkeit suchen oder für die Achtung der menschlichen Würde eintreten: in Flüchtlingsunterkünften, bei Demonstrationen gegen unmenschliche Abschiebungen oder in einem städtischen Gremium, dem ich angehöre, an das sich Menschen mit unterschiedlichen Diskriminierungserfahrungen wenden können. Dort mit meinem persönlichen Anspruch unterwegs zu sein, mich für das Kommen einer menschlicheren Welt bereitzuhalten, führte für mich zu vielen Entdeckungen. So oft leben Menschen die Botschaft Jesu außerhalb der Kirche durch ihr Engagement und mit ihren Idealen so überzeugend, dass es mein kirchlicher Auftrag ist, mich mit ihnen zu verbünden, sie zu stärken und sie überhaupt aufzuspüren. Mit einer ähnlichen Haltung sollten wir uns aufmachen zu den vielen Menschen, die spirituelle Erfahrungen machen, aber eben außerhalb kirchlicher Strukturen. Wir sollten mit Neugier entdecken, nicht besserwisserisch oder aus der Position vermeintlicher Überlegenheit. Menschen aufsuchen – vor allem dort, wo sich Kirche bisher nicht aufhielt. Sich für Ungeplantes bereithalten – vor allem für die ungeplanten Wendungen im Leben von

Menschen. Vorrang vor jeder »Verwaltung« von Sakramenten hätte das Aufsuchen von Menschen, denen Jesu Botschaft vom Reich Gottes zuerst galt und denen so geholfen werden kann, dass ihr Leben sich wesentlich zum Guten verändert: Menschen in schwierigen Lebenssituationen, Menschen, die in ihrer Würde verletzt oder aus der Gesellschaft ausgeschlossen werden, Menschen, die um ihre Lebensmöglichkeiten gebracht werden und Opfer politischer oder wirtschaftlicher Systeme geworden sind.

Vorrang in der Seelsorge hätte vor allen Vorschriften und heiligen Ordnungen immer der Mensch mit seiner konkreten Not. Vorrang an einem Kranken- oder Sterbebett hätte immer die Situation der Menschen, die ich antreffe, vor allen Ritualen, die es nach der Ordnung der alten Kirche zu vollziehen gälte. Ich erinnere mich an eine ungewöhnliche Situation an einem Sterbebett, die mich als herbeigerufenen Priester zunächst überraschte: Die Angehörigen empfingen mich mit einer Torte, die wir dann gemeinsam in der Gegenwart der eben verstorbenen Oma aßen. Und ich spürte: Das ist jetzt dran und drückt viel mehr von dem aus, was die Angehörigen an Trost und auch an Liebe ihr gegenüber empfanden, als alle Gebete und Rituale, die offiziell für eine solche Situation vorgesehen sind.

Die Erwartungshaltung Jesu für das Reich Gottes einzunehmen hieße, seinen Blick für die zu übernehmen, denen die besondere Aufmerksamkeit in Gottes neuer Welt gilt: Menschen, die in herkömmlichen gesellschaftlichen und religiösen Strukturen an den Rand gedrängt oder ausgeschlossen wurden. Eine Kirche, die sich nicht als Wagenburg der letzten aufrechten Super-christen versteht, sondern als vorübergehendes Vehikel auf dem Weg zum Reich Gottes, als Volkskirche in einem neuen Sinn. Es wäre eine Gemeinschaft von möglichst vielen Menschen, die wirklich für alle offen ist und die sich als Anwältin derer versteht, die gesellschaftlich keine Stimme haben. Ich stelle mir eine Kirche vor, die sich wieder am Handeln Jesu ein Beispiel nimmt und be-wusst mit denen gemeinsam auf die Straße geht, die sich für die Rechte gesellschaftlicher Minderheiten einsetzt. Ich stelle mir eine Kirche vor, die endlich in ihren ei-genen Reihen Frauen und Männer auf allen Ebenen als gleichberechtigte Menschen anerkennt und diese Aner-kennung auch lebt. Eine solche Kirche wäre nicht länger beschämendes Schlusslicht, wenn es um Gleichberech-tigung geht, sondern leuchtendes Vorbild.

Schließlich – mit dem überraschenden Handeln Got-tes zu rechnen und sich dafür bereitzuhalten, betrifft ge-rade auch den traditionellen Kern kirchlichen Handelns: die Sakramente. Wie das aussehen könnte, habe ich be-reits vor vielen Jahren erlebt. Es war an einem unserer Ausbildungstage in meiner Kaplanszeit. Gemeinsam mit den Theologinnen und Theologen, die als Pastoralassis-tentinnen und Pastoralassistenten mit den Kaplänen vor der sogenannten zweiten Dienstprüfung standen, reflek-tierten wir unsere Gemeindeerfahrungen, die wir aus den Praktikumspfarreien mitbrachten. Eine meiner Studi-enfreundinnen erzählte von einem sehr intensiven Wo-chenende mit Jugendlichen. Sie berichtete davon, dass sie gemeinsam mit den jungen Leuten am Sonntagvormittag in dem Selbstversorgerhaus, in dem sie die Tage verbrachten, ein sehr persönliches und dichtes Bibelgespräch geführt hatten. Dann hätten sie Brot und Wein miteinander geteilt. Mit ihrem damaligen Chef und zuständigen Pfarrer war vorher abgesprochen worden, dass sie diese Form der »Agape« zum Abschluss des Wochenendes mit den Jugendlichen feiern durfte, da er selbst keine Zeit hatte, zu einer Eucharistiefeier dazuzukommen. Das Agapemahl erinnert an frühchristliche Essen, die schon einen gewissen liturgischen Charakter hatten, aber formal keine Eucharistiefeiern im späteren katholischen Verständnis waren. Bei diesen Mahlen werden zwar auch biblische Texte gelesen, Lieder gesungen und es wird gebetet, aber es fehlen in der Regel die formalen Einsetzungsworte, die in einer Eucharistie vom Priester in Erinnerung an die Abendmahlsworte Jesu gesprochen werden. Fast in verschwörerisch-gedämpften Tonfall berichtete meine Studienkollegin von dieser Feier. Schließlich blickte sie in die Runde und fragte uns in ungespielter Unsicherheit: »Wisst ihr, ich hatte nach dieser Agape so das Gefühl, das war eine Eucharistiefeier. Was meint ihr: Kann das sein? Kann es sein, dass ich eine Eucharistie erlebt habe, obwohl die Feier von mir als Agape angelegt war?« Ich glaube, wir haben ebenso unsicher reagiert wie sie zuvor gefragt hatte. Ich hielt das damals für möglich, hatte aber immer noch im Hinterkopf den Vorbehalt: Ohne Priester kann das ja gar nicht sein.

Die Kirche der Auferstehung würde bei dieser Erzählung an die beiden Jünger denken, die auf dem Weg nach Emmaus dem Auferstandenen begegneten. Ohne ihn zu erkennen und ohne es vorher zu ahnen, erkannten sie ihn in dem Augenblick, als er das Brot mit ihnen teilte. Überrascht stellten sie nachher fest: »Brannte nicht unser Herz in uns, als er unterwegs mit uns redete und uns den Sinn der Schriften eröffnete?« (Lukas 24,32). Die beiden Jünger werden im Lukasevangelium bewusst nicht mit ihren Namen vorgestellt. Sie sind Platzhalter für die Menschen, die Lukas in seiner Gemeinde vor Augen hatte. Lukas will den Menschen seiner Gemeinde, die er mit den beiden Jüngern auf dem Weg identifiziert, mit dieser Erzählung sagen: Haltet euch bereit für die überraschende Begegnung mit dem Auferstandenen. Er ist mit uns unterwegs und er ist gegenwärtig, wenn wir unsere Sorgen und Hoffnungen miteinander teilen, wenn wir gemeinsam nach dem Sinn der Schrift forschen und wenn wir in seinem Geist das Brot miteinander teilen.

Ist es möglich, dass der auferstandene Herr Eucharistie feiert an Orten und mit Menschen, die er sich aussucht und nicht die Kirche? Ist es möglich, dass er die Zulassungsvoraussetzungen für die Eucharistie noch einmal ganz anders formuliert als die alte Kirche? Ist es möglich, dass wir manchmal vielleicht erst nach einer Situation überrascht als Kirche feststellen: Hier hat der Auferstandene mit uns Eucharistie gefeiert? Diese Möglichkeit bedeutet nicht, dass wir unsere Rituale und unsere geregelten Eucharistiefeiern über Bord werfen. Aber es würde bedeuten, dass wir uns als Christen offenhalten für die überraschende Gegenwart Christi und des von ihm angekündigten Reiches – mitten in und genauso mitten außerhalb der suchenden Kirche.

Ermächtigen und dienen statt herrschen

»Eine Kirche, die nicht dient, dient zu nichts.« Vielleicht war dieses Buch allein wegen seines Titels eines der wichtigsten, die mir auf meinem bisherigen Weg in der Kirche begegnet sind. Vermutlich auch deshalb, weil der Autor, Jaques Gaillot, für mich wie kein anderer Bischof mit Leben gefüllt hat, was der Titel fordert. Als ich ihm zum ersten Mal am Ende meines Studiums begegnete, war er noch Bischof von Évreux in der französischen Normandie. Die gesamte Pastoral seiner Diözese versuchte er an der Frage auszurichten: Wie können wir mit unserem Handeln in unserer Diözese den Armen dienen? Diese konsequente Option für benachteiligte Menschen kostete ihn letztlich sein Amt. Zu eindeutig hatte er sich aus der Perspektive der Mächtigen in Staat und Kirche auf die Seite von Geflüchteten gestellt. Immer wieder geriet er in Konflikt mit dem französischen Staat. Sein Buch »Protestschrei gegen den Ausschluss« (Coup de gueule contre l'exclusion) formulierte den offenen Protest gegen die harten Einwanderungsgesetze des damaligen französischen Innenministers Charles Pasqua. Wohl mit auf Drängen der französischen Regierung, aber vermutlich auch wegen seines innerkirchlich umstrittenen Kurses

entzog ihm Papst Johannes Paul II. 1995 seine Diözese. Nach dem Verlust seines Bistums gewann seine Botschaft aber geradezu noch einmal an Kraft. Von nun an setzte er sich als Titularbischof des untergegangenen algerischen Wüstenbistums Partenia umso entschiedener für Menschen ohne Papiere, für junge Menschen ohne Arbeit und für Obdachlose ein. Partenia zog über das Internet als »Diözese ohne Grenzen« viele Menschen weltweit in den Bann, die von der konsequenten Parteinahme für die Armen fasziniert waren. Der Buchtitel »Eine Kirche, die nicht dient, dient zu nichts« klingt knapp 30 Jahre später in meinen Ohren wie der Abgesang auf eine Kirche, die inzwischen tatsächlich untergegangen ist, weil sie zu nichts mehr dient. Und gleichzeitig weckt er eine Ahnung davon, was bestimmendes Kennzeichen einer neu aufbrechenden christlichen Gemeinschaft sein könnte.

Die Kirche, die den Umkehrruf Jesu ernstnimmt, wird sich konsequent zu den Menschen bekehren. Sie wird nicht länger darauf hinarbeiten, dass sich Menschen für die Kirche interessieren, sondern sie beginnt sich radikal als Kirche für die Menschen zu interessieren. Kirche wird nicht dadurch zur Kirche, dass sie als altehrwürdige Institution etwas hat, was sie den Menschen bringt und was diesen bisher gefehlt hat. Kirche ist nicht länger etwas Vorgegebenes, sondern sie entsteht überall dort, wo sich Menschen im Namen Jesu als zusammengehörig empfinden oder anderen Menschen nach dem Vorbild Jesu dienen.

Kann es sein, dass Gaillot mit seinem im 5. Jahrhundert untergegangenen Bistum, aus dessen Ruinen über das Internet eine neue Bewegung erstand, so etwas wie ein Vorbild für eine neue Vision von Christsein heute ist? Aus den Ruinen einer Kirche, in der Amtsträger ihre Macht missbraucht haben, um sexuelle Gewalt auszuüben oder um diese zu decken, kann nur etwas Neues entstehen, wenn diese neue Gemeinschaft mit der alten Macht bricht. Der Bruch mit der Kirche des Missbrauchs muss auch ein Bruch mit der bisher praktizierten kirchlichen Machtausübung sein. Die besondere kirchliche Ausprägung von Macht war deren Verknüpfung mit der Weihe. Sie begründete eine Über- und Unterordnung, die nicht hinterfragt werden durfte. Geweihte Priester und Bischöfe stehen in den Augen vieler Gläubiger immer noch auf einem Podest, als seien sie besonders heilige Männer. Und viele Priester und Bischöfe machten sich dieses Bild zu eigen, hielten sich gegenüber »Laien« für etwas Besseres und beanspruchten besondere Entscheidungsbefugnisse für sich – allein aufgrund der Weihe. Dieser Anspruch und die damit verbundene »Weiheüberheblichkeit« begründet die spezielle kirchliche Form des Machtmissbrauchs, den Klerikalismus. Umgekehrt machten sich auch Menschen ohne Weihe in der Kirche dieses Bild zu eigen. Sie fanden sich damit ab, als »Laien« tituliert zu werden, übernahmen diese Beschreibung sogar als Selbstbezeichnung und organisierten sich in Laienräten, die fast ausnahmslos nur beratende Funktion haben. Ich habe viele Anlässe in Erinnerung, bei denen sich sogenannte Laien bei Bischöfen und Priestern fast untertänig dafür bedankten, dass sie in der Kirche mitwirken durften.

Der Bruch mit der Kirche des Missbrauchs muss deshalb ein konsequenter Bruch mit dem kirchlichen Klerikalismus sein. Und es muss ein Bruch mit der Untertanenmentalität kirchlichen »Laientums« sein. Allein den Begriff »Laie« aus dem kirchlichen Vokabular zu streichen, ist zwar ein schönes Signal, aber für einen Neuanfang braucht es einen echten Sinneswandel. Es braucht eine Neubestimmung von Machtausübung in der Kirche.

Noch heute klingt mir in den Ohren: »Macht ist keine Dimension der Kirche.« Mit dieser Formulierung konterten schon während meiner Studienzeit kirchliche Hierarchen gerne kritische Bemerkungen zum Thema »Macht in der Kirche«. Hinterfragte man kirchliche Machtausübung, wurde dem die Behauptung entgegengesetzt, es gäbe dort gar keine Macht, sondern nur Dienst. In der Priesterausbildung hörte ich dann auch zum ersten Mal den Begriff »Dienstamt«. Die Aufforderung Jesu an seine Jünger: »Wer der Erste sein will, soll der Letzte von allen und der Diener aller sein« (Markus 9,35), brachte eine Fülle von Amtsbezeichnungen hervor, die den Eindruck erweckten, in der Kirche werde keine Macht ausgeübt, sondern nur gedient. Man kann Machtlosigkeit behaupten und die Ausübung von Macht »Dienst« nennen. Man kann Macht mit wunderschönen Begriffen bemänteln. Sie bleibt aber doch Macht. Auch im Kostüm des Dienstes. Man kann sogar ihre Existenz leugnen. Doch gerade in ihrer Leugnung entfaltet sie erfahrungsgemäß eine besondere und oft genug auch eine zerstörerische Wirkung.

Wenn ich tatsächlich den Missbrauch von Macht in der Kirche überwinden will, muss ich zuerst ihre Existenz anerkennen – im besten Fall fange ich damit nicht bei anderen an, sondern bei mir selbst. Es könnte darum gehen, ein neues, ein jesuanisches Konzept von Macht zu entwickeln und dieses sozusagen mit dem Anspruch Jesu neu aufzuladen, damit Macht eine positive Wirkung entfalten kann – auch hier im besten Fall zuerst bei mir selbst. Der Anspruch Jesu aber ist unmissverständlich im Markusevangelium formuliert. Als sich seine Jünger um die besten Plätze im kommenden Reich Gottes streiten, kontert Jesus scharf: »Ihr wisst, dass die, die als Herrscher gelten, ihre Völker unterdrücken und ihre Großen ihre Macht gegen sie gebrauchen. Bei euch aber soll es nicht so sein, sondern wer bei euch groß sein will, der soll euer Diener sein, und wer bei euch der Erste sein will, soll der Sklave aller sein« (Markus 10,42–44). Welche Schritte sind zu gehen, um dem, wie es nicht sein soll, ein »So soll es sein!« entgegensetzen zu können?

Schritt 1: Nur Macht in Beziehung schafft neue Autorität (Markus 1,22)

Ich habe Macht. Jeden Sonntag predige ich und Menschen hören dem zu, was ich zu sagen habe. Sie beugen sich freiwillig dieser Rollenverteilung: Ich alleine rede, alle anderen hören zu. Obwohl viele etwas beizutragen hätten, passiert es nur sehr selten, dass mich innerhalb der zehn Minuten Predigt jemand unterbricht und auch etwas sagt. Ich erfahre so spätestens jeden Sonntag eine in ihrer Wirksamkeit unmittelbar erlebbare Form kirchlicher Machtausübung.

Es ist die Macht der Worte, die im besten Fall Menschen bestärken, trösten, zu Heilungsprozessen beitragen oder zum Nachdenken anregen können. Übertragen bekomme ich diese Macht aufgrund der Weihe, weniger aufgrund meiner Begabung. Ich habe Macht. Nicht irgendein Bischof, sondern ich als Prediger. Ich nenne dieses Beispiel nicht nur, weil es mich selbst betrifft, sondern weil die Predigt der Ort ist, an dem auch im ältesten Evangelium gleich im ersten Kapitel Macht zum Thema wird.

Markus nimmt in seinem ersten Kapitel nur wenige Verse Anlauf, um gleich in 1,22 Jesu Wortmacht zu verhandeln. Im Unterschied zu anderen antiken Wundertätern setzt der Nazarener bei Markus nicht auf die Wirkung unverständlicher magischer Formeln, sondern auf die Macht des verstehbaren Wortes. Es gibt im Markusevangelium kein Heilungswunder ohne Predigt. Diese Macht des Wortes stellt der älteste Evangelist an den Anfang des Weges Jesu. Unmittelbar nach der Berufung der Jünger folgt eine erste Demonstration von Macht, wie sie sein soll: »Und die Menschen waren voll Staunen über seine Lehre; denn er lehrte sie wie einer, der Vollmacht hat, nicht wie die Schriftgelehrten« (Markus 1,22). Der Evangelist verwendet hier den griechischen Begriff *exousia* und definiert damit die Macht Jesu als legitime Machtausübung. *Exousia* bezeichnet das Recht und die Befähigung zur Machtausübung. Im Kontrast zu den Schriftgelehrten gründet im Markusevangelium die Macht Jesu also auf echter Autorität. Und diese erweist sich zum ersten Mal an der Wirkung seiner Worte bei den zuhörenden Menschen. Sie glauben ihm, was er sagt. Das unterscheidet ihn in den Augen des Evangelisten von den Schriftgelehrten.

Wie eine Aktualisierung der Ausgangssituation in Markus 1,22 wirkt der 2018 von Kardinal Marx geäußerte Satz: »Die Menschen glauben uns nicht mehr.« Dahinter steht die wichtige Erkenntnis: Der Missbrauch der Macht hat den Verlust der Autorität zur Folge. Umgekehrt gilt genauso: Machtausübung, die nicht auf echter Autorität basiert, entfaltet eine missbräuchliche und als willkürlich erfahrene Wirkung. Es ist an der Zeit, Macht in der Kirche im Sinne der *exousia* Jesu neu aufzuladen. Dabei reicht eine rein formale Begründung in den Augen des Markus gerade nicht aus. Die Schriftgelehrten wären ja formal eigentlich die legitimen Träger der Wortmacht. Für den Evangelisten sind sie es aber gerade nicht. Es genügt also nicht mehr, die Legitimität von Machtausübung allein an den gesellschaftlichen Status, an das Vorhandensein einer Weihe oder einer formalen Beauftragung zu binden. Wem nicht geglaubt wird, wessen Worte zu leeren Formeln verkommen sind, die keine heilende und bestärkende Wirkung mehr haben, dem fehlt die Legitimität zur Machtausübung – mag er diese noch so oft mit Verweis auf seine formale Beauftragung für sich beanspruchen.

Im ersten Kapitel des ältesten Evangeliums wird das Koordinatensystem für die Begründung kirchlicher Machtausübung am Beispiel der Predigt beschrieben: Macht legitimiert sich als *exousia* in der Nachfolge Jesu letztlich nur in der Beziehung zu den Menschen. Es gibt keine legitime Machtausübung ohne Rückbindung an die Gemeinde. Man könnte hier von einer notwendigen Demokratisierung und Entsakralisierung der göttlichen Macht sprechen. Die Wirkung der Rede Jesu auf die Menschen, die staunen und ihm glauben, was er sagt, begründet seine legitime Macht. Die Macht der Schriftgelehrten erschöpft sich im Anspruch, den sie für sich reklamieren. Ihre Macht ist eine leere Hülle, wie ein zu groß geratenes Kostüm. Sie ist beziehungslos geworden, ohne Wirkung auf die Menschen. Ihr fehlt damit die Autorität. Jesus hingegen ist mit einer Macht bekleidet, die auf wirklicher Autorität gründet, weil ihm die Menschen glauben. Doch warum tun sie das? Weil er eine ehrliche Beziehung zu ihnen eingeht, sodass seine Worte in ihnen Heilung, Befreiung und neue Nachdenklichkeit bewirken.

Um beim Beispiel der Predigt zu bleiben: Auf kaum einem anderen Feld kirchlichen Handelns habe ich in meiner eigenen Biografie so viele Machtkämpfe erlebt wie auf dem der Predigtverkündigung. Noch während meiner eigenen Ausbildung war es selbstverständlich, dass Theologinnen und Theologen, die mit mir zusammen studierten, um einen kirchlichen Beruf als Pastoralreferentin oder als Pastoralreferent anzutreten, auch in der sonntäglichen Eucharistiefeier predigten. Sie taten es, weil sie wie ich auch dazu ausgebildet waren und weil sie es konnten. Die römische »Instruktion zu einigen Fragen über die Mitarbeit von Laien am Dienst der Priester« beendete 1997 diese Praxis. Nur noch geweihte Priester und Diakone dürfen seither offiziell in der Eucharistie predigen – allein aufgrund ihrer Weihevollmacht, nahezu unabhängig von theologischer oder kommunikativer Kompetenz. Schon in der Schlussphase meines Studiums gab es Proteste gegen diese Regelung, die sich bereits zuvor angebahnt hatte. Die Weihe als Zulassungsvoraussetzung für die Predigt im zentralen Gottesdienst, der sonntäglichen Eucharistiefeier, symbolisierte die Behauptung der klerikalen Macht gegenüber echter Predigtautorität. Manche Ständige Diakone im Nebenberuf, die mit einer »Schmalspurausbildung« zur Weihe gelangt sind, predigen seither hilflos in sonntäglichen Gottesdiensten, während die ausgebildete und kompetente Pastoralreferentin dieses oberflächlich fromme und gleichzeitig belanglose Gerede machtlos in der Kirchenbank über sich ergehen lassen muss. Aus dem Ausland angeworbene Priester quälen sich vor dem Wochenende mit irgendwelchen Predigten herum, die sie aus dem Internet zusammenkopieren, weil sie rein sprachlich nicht in der Lage sind, eine eigene Sonntagspredigt vorzubereiten. Im Sonntagsgottesdienst lassen die Menschen, die eigentlich von der Predigt Hilfestellung für ihr Leben erwarten, dieses unverständliche priesterliche Geplapper bestenfalls über sich ergehen, wenn sie sich solche Gottesdienste, die zu nichts dienen, überhaupt noch antun.

Vielleicht wäre die Predigt das erste und auch leicht zu praktizierende Handlungsfeld einer tatsächlich umkehrenden Kirche, die sich nicht mehr darauf fixiert, wer etwas darf oder nicht darf, sondern die Frage nach echter Autorität stellt: Wer kann predigen und wer hat etwas zu sagen?

Im Sommer 2018 durfte ich selbst in dieser Hinsicht eine kleine überraschende Erfahrung machen. Bei einem Gottesdienst in der Hochschulgemeinde, zu dem junge Leute eingeladen waren, die sich in der Seenotrettung auf dem Mittelmeer engagieren, sollte nach meiner Predigt einer der Aktivisten die Kollekte zu Gunsten der Seenotrettung ankündigen. Der Student, der sich vorher als »nichtkirchlich« beschrieben hatte, tat aber etwas anderes. Er sprach über seine Motivation für sein Engagement, er sprach darüber, dass er dies auch in christlichen Werten und in dem Evangelium von der Heilung eines Mannes am Sabbat (Markus 3,1–6), das wir zuvor gehört hatten, wiederentdecke. Die Kollektenansage eines »nichtkirchlichen« Studenten berührte die Anwesenden im Gottesdienst und war für mich eine der beeindruckendsten Predigten, die ich in meiner Erinnerung behalte. Da sprach einer, »der Vollmacht hat, nicht wie die Schriftgelehrten« (Markus 1,22), jemand mit echter Autorität. So soll es sein!

Schritt 2: Die Taufe ermächtigt zuerst die Benachteiligten (Galater 3,28)

Zu den Kennzeichen kirchlichen Machtmissbrauchs gehört es, dass bestehende Abhängigkeitsverhältnisse verstärkt oder reproduziert werden und die eigene Macht in einem System von Über- und Unterordnung, von Ehre und Beschämung ausgebaut wird. Paulus legt als ältester Schriftsteller des Neuen Testaments ein alternatives Konzept vor, auch wenn er dies persönlich nicht immer konsequent durchhält. Es ist das der Ermächtigung gesellschaftlich benachteiligter Menschen durch die Statusgleichheit, die ihnen mit der Taufe geschenkt wird. Über- und Unterordnungen, die die Machtverteilung in der Gesellschaft definierten, werden nach dem paulinischen Taufkonzept relativiert: »Denn ihr alle, die ihr auf Christus getauft seid, habt Christus angezogen. Es gibt nicht mehr Juden und Griechen, nicht Sklaven und Freie, nicht männlich und weiblich; denn ihr alle seid einer in Christus Jesus.« Die Taufe ist hier als Empowerment von Menschen gedacht, die bislang von der vollen Teilhabe am gesellschaftlichen Leben ausgeschlossen waren und in Abhängigkeit gehalten wurden. Sklaven und Freigelassene ohne Bürgerrecht erhielten durch die Taufe die Zusage, dass sie von nun an ein Bürgerrecht besitzen, das ihnen keiner mehr nehmen kann. Hintergrund dieser unglaublichen Zusage war die damals vorherrschende römische Gesellschaftsordnung. Sklaven ohne Bürgerrecht galten juristisch nur als »Sache« und besaßen keinerlei Persönlichkeitsrechte. In ihren Ohren war die Ansage des Paulus mehr als nur eine wertschätzende Äußerung. Was Paulus da mit der Taufe verknüpfte, war nicht weniger als eine die alte Ständegesellschaft umstürzende Revolution. Den Heidenchristen, die sich als »Unbeschnittene« wie Christen zweiter Klasse erlebten, verspricht Paulus gleiche Rechte und die gleiche Würde: »Ihr seid also jetzt nicht mehr Fremde und ohne Bürgerrecht, sondern Mitbürger und Hausgenossen Gottes« (Epheser 2,19–20). In logischer Konsequenz zieht die Ermächtigung bislang Benachteiligter eine neue und breitere Verteilung von Macht und Verantwortung nach sich. Entscheidend hierfür ist wiederum nicht wie bisher der gesellschaftliche Status, sondern die grundsätzliche Gleichstellung aller Christen durch die Taufe und damit verbunden die grundsätzliche Befähigung, Ämter und Dienste in der Gemeinde zu übernehmen. Paulus legt der Gemeinde in Korinth ans Herz, dass Macht nach vorhandenen Gaben zu verteilen sei und nicht nach dem herkömmlichen gesellschaftlichen Anspruch (1 Korinther 12,1–11). Es ist der Geist, der die Menschen dazu ermächtigt, ihre verschiedenen Gaben in der Gemeinde zu entfalten. Niemand muss sich mehr wegen der Herkunft, des Geschlechts oder anderer vorgegebener Kategorien unterordnen oder beschämen lassen (1 Korinther 12,12–31). Es ist deshalb nur folgerichtig, dass zu den Mitarbeiterteams des Paulus selbstverständlich auch Frauen zählten, die unterschiedliche Aufgaben in den Gemeinden übernahmen (Römer 16). Macht aufgrund biologischer oder anderer äußerer Merkmale zu übertragen, kann vor dem Hintergrund der Tauftheologie des Paulus nur als absurd bezeichnet werden. Der Galaterbrief (3,28) schreibt der Kirche mit aller daraus folgenden Konsequenz ins Stammbuch: Die Taufe ermächtigt zuerst die Benachteiligten.

Auch hier könnte eine Kirche, die den Umkehrruf Jesu wirklich an sich gerichtet hört, einen ersten Schritt tun, der den Beginn eines Aufbruchs markiert: die selbstverständliche Öffnung aller Ämter für alle Christen, gleich welchen Geschlechts. Es ist absurd, davon auszugehen, dass die »Gültigkeit« einer Eucharistiefeier weiter davon abhängen soll, ob sie von einem Mann, der im Idealfall noch heterosexuell zu sein hat, geleitet wird. Die künftige Kirche Jesu lässt alle bislang geltenden Kategorien, die Menschen wegen ihres Geschlechts oder wegen ihrer sexuellen Orientierung über- oder unterordnet, hinter sich. Daran erkennt man eine christliche Gemeinde. So soll es sein!

Schritt 3: Machtverzicht als eine Variante christlichen Umgangs mit der Macht (Philipper 2,1–11)

Noch einen Schritt weiter geht Paulus im Philipperbrief, den er an die von Streit und Machtkämpfen gebeutelte Gemeinde richtet. Vielleicht das älteste schriftliche Zeugnis zum Thema Macht begegnet uns dort in einem alten Christuslied, das Paulus in sein Schreiben eingefügt hat und das vermutlich für eine bestimmte Zeit seinen festen Platz in der Liturgie fand: »Er war Gott gleich, hielt aber nicht daran fest, Gott gleich zu sein, sondern er entäußerte sich und wurde wie ein Sklave und den Menschen gleich. Sein Leben war das eines Menschen; er erniedrigte sich und war gehorsam bis zum Tod, bis zum Tod am Kreuz« (Philiper 2,6–8).

Es gibt keine extremere Form, kritisch mit Macht umzugehen, als im Philipperhymnus beschrieben. Als Abbild Gottes hat Christus eigentlich den höchsten Status und damit verbunden auch die größte vorstellbare Machtfülle. Darauf verzichtet er, macht sich mit Sklaven gemein und wählt den Platz des Verbrechers am Kreuz. Für viele Menschen in den ersten christlichen Gemeinden muss das eine revolutionäre Aussage gewesen sein. Ähnlich wie im Protestlied der Maria im Lukasevangelium, das den Sturz der Mächtigen und die Erhöhung der Niedrigen proklamiert (Lukas 1,52), besingt dieser uralte Christushymnus die Umkehrung der Verhältnisse – diesmal auf dem Weg des freiwilligen Verzichts auf Machtausübung. Und genau darin hat Gott den Weg Jesu bestätigt. Gott schenkt dem Niedrigsten die höchste Würde. Dafür steht der Gekreuzigte. Der älteste Text, den es im Neuen Testament über das Kreuz gibt, ruft dazu auf, jeder Macht, die sich über andere Menschen erhebt, das Beispiel Jesu entgegenzuleben.

Ohne Übertreibung lässt sich feststellen, dass sich an der Frage des Verhältnisses der Christen zur Macht quer durch das Neue Testament letztlich die Christlichkeit entscheidet. Paulus zumindest scheint den alten Hymnus so verstanden zu haben. Deshalb rahmt er das Lied in seinem Brief an die Gemeinde in Philippi mit der entsprechenden Ermahnung: »... in Demut schätze einer den anderen höher ein als sich selbst« (Philipper 2,3).

Was für ein starker Satz! Maßgeblich für Paulus ist der Gedanke, dass christliche Machtausübung nach dem Vorbild Jesu immer auf andere Menschen bezogen sein muss. Macht ist etwas, das Leben fördert und nicht mehr Selbstzweck ist oder dem eigenen Ego dient. Christliche Machtausübung erkennt man daran, dass sie andere Menschen groß sein lässt, ja größer werden lässt. Dieses Machtverständnis wäre die beste Voraussetzung, um innerkirchlich Schluss zu machen mit hierarchischen Unterordnungen und Abhängigkeitsverhältnissen, die nur ein Ziel haben: andere immer kleiner sein und werden zu lassen. Eine Gemeinschaft der Christen, die den Umkehrruf zuerst an sich selbst gerichtet versteht, würde all das mit aller Macht und Autorität in den eigenen Reihen umsetzen, was dem Leben von Menschen dient, was zu mehr Mitmenschlichkeit und Freiheit führt. Sie würde alle Unterordnung in den eigenen Reihen beenden, jeder Form von Diskriminierung eine Absage erteilen und sich dadurch gestärkt auf den Weg machen, endlich glaubwürdig in der Gesellschaft gegen Machtmissbrauch und Diskriminierung aufzutreten.

Die Gemeinschaft der Gleichgestellten verzichtet bewusst auf die Ausübung von Macht im Sinne einer Beschämung von machtlosen oder abhängigen Menschen. Sie verzichtet auf den weiteren Ausbau von Macht bei jeder Chance, die sich dazu bietet. In dieser Vorstellung gibt es so etwas wie die Möglichkeit, auf Macht zu verzichten, damit andere Menschen größer werden können. Im besten Fall sollte das in jeder Begegnung, in jedem kirchlichen Dienstverhältnis, zwischen Priestern und »Laien«, zwischen Männern und Frauen und natürlich auch in jedem Gottesdienst erfahrbar sein. Christlicher Machtverzicht als Alternativmodell zur herkömmlichen Machtverteilung in der Gesellschaft.

Einen Traum davon hat Marianne Williamson in einen Text gefasst, der lange fälschlich Nelson Mandela zugeschrieben wurde:

»Unsere tiefste Angst ist nicht,
dass wir unzulänglich, unsere tiefste Angst ist,
dass wir über die Maßen machtvoll sind.
Es ist unser Licht, vor dem wir am meisten

erschrecken, nicht unsere Dunkelheit.
Wir fragen uns: Wer bin ich, dass ich so brillant,
großartig, talentiert, fabelhaft sein sollte?
Aber wer bist du denn, dass du es nicht sein solltest?
Du bist ein Kind Gottes. Dich klein zu halten, dient
der Welt nicht.
Dich klein zu halten, damit die anderen um dich
herum sich nicht unsicher fühlen: das hat nichts
mit Erleuchtung zu tun.
Wir sind dazu bestimmt, zu leuchten wie Kinder.
Wir sind geboren, um die Größe Gottes, der in uns
lebt, zu verwirklichen.
Und diese Größe ist nicht nur in einigen von uns,
sie ist in jedem Menschen.
Und wenn wir unser Licht leuchten lassen,
dann geben wir unbewusst anderen Menschen die
Erlaubnis, dasselbe zu tun.
Wenn wir selbst von Angst frei sind, dann sind die
anderen durch unser Dasein auch frei.«

Wie kann das aber praktisch aussehen in einer »umge-
kehrten« Kirche? Bereits in ihren Anfängen hat sich die
Gemeinschaft der Christen bei der Ausbildung eigener
Strukturen daran orientiert, was ihr aus der nichtchrist-
lichen Umgebung als tauglich erschien. Waren es damals
Strukturen aus dem antiken Vereinswesen, die man zum
Teil übernahm, könnte heute ein Blick in funktionieren-
de Demokratien weiterhelfen. Eine Form des konkreten
Machtverzichts ist die Vergabe von Ämtern auf Zeit.
Wie in anderen christlichen Gemeinschaften bereits

gut funktionierende Praxis sollte sich jede christliche Gemeinschaft, die Kirche sein will, darauf verpflichten, Menschen keine »ewigen« Weiheämter mehr zu übertragen, die wiederum unbefristete Leitungsaufgaben nach sich ziehen. Macht würde nur noch zeitlich befristet übertragen. Eigentlich dürfte dieser Gedanke niemandem Angst machen, schließlich behält man nach der Abgabe der Macht doch in der Vorstellung des Paulus weiterhin die durch die Taufe verliehene Würde. So soll es sein!

Es ist wichtig, Macht genau zum jetzigen Zeitpunkt zum Thema zu machen und sie gerade nicht zu tabuisieren. Sie muss neu aufgeladen werden, und zwar im Sinne der Reich-Gottes-Botschaft Jesu, die herkömmliche kirchliche und gesellschaftliche Vorstellungen von Macht auf den Kopf stellt. Zunächst braucht es dafür aber nicht weniger als einen Bruch mit der alten Macht in der Kirche, viel persönlichen Mut, um tatsächlich auch z. B. als Priester zu überlegen, wie das Experiment persönlichen Machtverzichts aussehen könnte, der nicht nur in neuen Begriffskostümen auf die kirchliche Bühne tritt, sondern wirklich und ungeschminkt passiert.

Eine Kirche, die wirklich dient und ihre Macht dazu einsetzt, um Menschen in Ohnmachtspositionen zu ermächtigen, das hatten bereits vor Bischof Gaillot schon einmal eine Reihe anderer Bischöfe unternommen. Sie schlossen sich am Ende des Zweiten Vatikanischen Konzils zum sogenannten Katakombenpakt zusammen. Am 16. November 1965 trafen sich 40 Konzilsväter zu einer Eucharistiefeier in der Basilika der heiligen Nereus und Achilleus über den Domitilla-Katakomben in Rom und formulierten sehr konkrete Selbstverpflichtungen. Wesentlich initiiert wurde dieses Treffen von dem brasilianischen Bischof Hélder Câmara. Die Bischöfe wollten endlich ernstmachen mit dem Dienst an den Armen und wurden dabei sehr konkret.

Der Text der Erklärung ist nicht nur ein historisches Zeugnis einer Aufbruchzeit in der katholischen Kirche. Die Selbstverpflichtung von damals atmet für mich den Geist eines Versprechens, das es nun endlich, nach dem Untergang der Kirche des Machtmissbrauchs, einzulösen gilt:

»Wir werden uns bemühen, so zu leben, wie die Menschen um uns her üblicherweise leben, im Hinblick auf Wohnung, Essen, Verkehrsmittel und allem, was sich daraus ergibt (vgl. Mt 5,3; 6,33–34; 8,20).

Wir verzichten ein für alle Mal darauf, als Reiche zu erscheinen wie auch wirklich reich zu sein, insbesondere in unserer Amtskleidung (teure Stoffe, auffallende Farben) und in unseren Amtsinsignien, die nicht aus kostbarem Metall - weder Gold noch Silber - gemacht sein dürfen, sondern wahrhaft und wirklich dem Evangelium entsprechen müssen (vgl. Mk 6,9; Mt 10,9; Apg 3,6).

Wir werden weder Immobilien oder Mobiliar besitzen noch mit eigenem Namen über Bankkonten verfügen; und alles, was an Besitz notwendig sein sollte, auf den Namen der Diözese bzw. der sozialen oder caritativen Werke überschreiben (vgl. Mt 6,19-21; Lk 12,33-34).

(...)

Wir lehnen es ab, mündlich oder schriftlich mit Titeln oder Bezeichnungen angesprochen zu werden, in denen gesellschaftliche Bedeutung oder Macht zum Ausdruck gebracht werden (Eminenz, Exzellenz, Monsignore ...). Stattdessen wollen wir als ›Padre‹ angesprochen werden, eine Bezeichnung, die dem Evangelium entspricht.

Wir werden in unserem Verhalten und in unseren gesellschaftlichen Beziehungen jeden Eindruck vermeiden, der den Anschein erwecken könnte, wir würden Reiche und Mächtige privilegiert, vorrangig oder bevorzugt behandeln (z. B. bei Gottesdiensten und bei gesellschaftlichen Zusammenkünften, als Gäste oder Gastgeber, vgl. Lk 13,12–14; 1 Kor 9,14–19).

Ebenso werden wir es vermeiden, irgendjemandes Eitelkeit zu schmeicheln oder ihr gar Vorschub zu leisten, wenn es darum geht, für Spenden zu danken, um Spenden zu bitten oder aus irgendeinem anderen Grund. Wir werden unsere Gläubigen darum bitten, ihre Spendengaben als üblichen Bestandteil in Gottesdienst, Apostolat und sozialer Tätigkeit anzusehen (vgl. Mt 6, 2–4; Lk 15,9–13; 2 Kor 12,4).

Für den apostolisch-pastoralen Dienst an den wirtschaftlich Bedrängten, Benachteiligten oder Unterentwickelten werden wir alles zu Verfügung stellen, was notwendig ist an Zeit, Gedanken und Überlegungen, Mitempfinden oder materiellen Mitteln, ohne dadurch anderen Menschen und Gruppen in der Diözese zu schaden. Alle Laien, Ordensleute, Diakone und Priester, die der Herr dazu ruft, ihr Leben und ihre Arbeit mit den

Armgehaltenen und Arbeitern zu teilen und so das Evangelium zu verkünden, werden wir unterstützen. (vgl. Lk 4,18f.; Mk 6,4; Mt 11,45; Apg 18,3–4; 20,33-35; 1 Kor 4,12; 9,1-27)

(...)

Wir werden alles dafür tun, dass die Verantwortlichen unserer Regierung und unserer öffentlichen Dienste solche Gesetze, Strukturen und gesellschaftlichen Institutionen schaffen und wirksam werden lassen, die für Gerechtigkeit, Gleichheit und gesamtmenschliche harmonische Entwicklung jedes Menschen und aller Menschen notwendig sind. Dadurch soll eine neue Gesellschaftsordnung entstehen, die der Würde der Menschen- und Gotteskinder entspricht (Vgl. Apg 2,44f; 4,32–35; 5,4; 2 Kor 8 und 9; 1 Tim 5,16).«

Neue Autorität
statt Hierarchie

Bleiben, wenn es schwierig wird.

Wie ein Mantra, ein Wort, das durch die ständige Wiederholung Energie gibt, ist dieser einfache Satz für mich geworden. So oft in den vergangenen Jahren habe ich es mir selbst innerlich zugesagt oder in kritischen Situationen laut ausgesprochen. Zum ersten Mal bin ich diesem Satz und der Haltung, die hinter den Worten steckt, bei einer Tagung begegnet, zu der ich mit Freunden aus dem Sprecherrat des Würzburger Bündnisses für Zivilcourage eingeladen war. Veranstalter der Tagung war das Systemische Institut für Neue Autorität. Die Konferenz, an der im Herbst 2015 hauptsächlich Menschen aus pädagogischen oder therapeutischen Berufsfeldern teilnahmen, stand unter dem Thema: »Aus gewaltfreier Haltung verantwortlich handeln. Neue Autorität in Praxis, Gesellschaft und Lehre.« Das Modell der Neuen Autorität geht auf den israelischen Psychologen Haim Omer zurück und wurde von ihm ursprünglich für den pädagogischen Kontext entwickelt. Inspiriert von den Ideen Martin Luther Kings und Mahatma Gandhis, versucht das Konzept der Neuen Autorität Eltern sowie Lehrerinnen und Lehrer im Umgang mit Kindern stärker, sicherer und auch wieder zuversichtlicher zu machen. Das Fundament ist die konsequente Gewaltlosigkeit. An die Stelle einer Autorität vergangener Zeiten, die häufig von Gewalt und Unterordnung geprägt war, setzt sie auf sieben Prinzipien, die nicht nur in der Schule oder in der Erziehung, sondern auch im gesellschaftlichen Zusammenleben Ordnung geben wollen. Dies war auch der Anlass, warum wir als zivilgesellschaftliches Bündnis zu der Tagung im Herbst 2015 eingeladen waren. Seither beschäftigt uns gemeinsam mit den Vordenkerinnen und Vordenkern der Neuen Autorität, wie dieses Konzept aus dem rein pädagogischen Anwendungsgebiet in andere gesellschaftliche Kontexte zurückübersetzt werden kann. Schon lange interessiert mich, ob die Vision einer Neuen Autorität nicht sehr nahe bei dem liegt, was das Zusammenleben von Menschen unter dem Vorzeichen des Reiches Gottes ausmachen könnte.

Wenn ich über eine neue Vision von Christsein nach dem Zusammenbruch der alten kirchlichen Ordnung nachdenke, dann ist mir bewusst: Jede Gemeinschaft braucht Struktur und ordnende Prinzipien. Es wäre naiv, nur mit der alten Kirche zu brechen, ohne eine Idee davon zu haben, wie das Zusammenleben in einer neuen Kirche aussehen könnte, von einem anarchischen Christsein zu träumen, das ohne jede Organisation auskäme. Dabei darf nicht aus dem Blick geraten: Nicht die Kirche und schon gar nicht die Rettung der vergangenen Strukturen bestimmen die Perspektive der neuen Vision, sondern das Reich Gottes. Es braucht für das gemeinsame Christsein auch eine Vision für neue Strukturen einer neuen Art von Kirche. Denn Christsein bedeutet, immer gemeinsam mit anderen Menschen den Weg Jesu weiterzugehen. Welche Grundhaltungen könnten diese Gemeinschaft auf dem Weg leiten?

Zunächst müsste eine solche neue Ordnung ohne Abstriche jeder Form von Gewalt abschwören. Schließlich war es Gewalt in unterschiedlichen Ausprägungen, die das Prinzip der alten kirchlichen Autorität bestimmte, bis hin zur körperlichen und sexuellen Gewalt. Christsein, das sich an Jesus von Nazaret ausrichtet, kann es aber nur gewaltlos geben. Deshalb muss sich eine neue Kirche eine neue Autorität aneignen, die diese Gewaltlosigkeit in all ihren Strukturen konsequent umsetzt. Das hierarchische Prinzip bisheriger Kirchenstrukturen war im Erleben vieler Menschen geprägt von Distanz und Unnahbarkeit, Befehl und Gehorsam, Willkür und Intransparenz, oben und unten, Herrschaftswissen bei gleichzeitig fehlender fachlicher Kompetenz. Diese Form der Hierarchie setzte auf Macht und wirkte dabei gleichzeitig hilflos.

Ich denke dabei an eine junge Ordensfrau, die an einem bibelwissenschaftlichen Seminar teilnahm, das ich in meiner Zeit als Assistent am Biblischen Institut in der Universität Würzburg angeboten habe. Die junge Frau sollte sich mit dem Studium auf ihre spätere Tätigkeit als Religionslehrerin an der ordenseigenen Schule vorbereiten. Um einen Seminarschein zu erhalten, mussten die Studierenden eine Seminararbeit schreiben, in der sie an einer konkreten Bibelstelle die erlernten Methoden der historisch-kritischen Exegese exemplarisch zeigten. Letztlich ging es darum, die Bibel mit wissenschaftlichen

Methoden als Sammlung antiker Texte wahrzunehmen, auf ihre zeitgeschichtlichen Einflüsse hin zu untersuchen und sich mit der besonderen Sprach- und Bildwelt der Bibel vertraut zu machen. Dieses Seminar war verpflichtender Bestandteil des Theologiestudiums. Es ging um nicht weniger als um ein wissenschaftliches, nicht fundamentalistisch wörtliches Verständnis der Bibel. Am Ende des Semesters, als alle anderen ihre Seminararbeit abgegeben hatten, wunderte ich mich etwas, weil die Arbeit der jungen Ordensfrau fehlte. Zu Beginn der Semesterferien kam sie zu mir in die Sprechstunde. Sie erzählte mir, ihre Hausoberin habe ihr verboten, die Seminararbeit zu schreiben. Angeblich mache diese Art der Bibelauslegung den Glauben kaputt. Die Studentin war sichtlich aufgebracht und von inneren Kämpfen erschüttert, als sie mir gegenübersaß. Sie wollte mir nicht nur von dem Verbot ihrer Oberin erzählen, sondern auch ihren Entschluss mitteilen, sich über dieses Verbot hinwegzusetzen. Daher wollte sie wissen, ob ich ihr einen späteren Abgabetermin ermöglichen könnte. Ich war beeindruckt von diesem Entschluss und gleichzeitig erschüttert über die dumpfe Machtausübung, der die junge Frau in ihrem Orden ausgesetzt war. Natürlich ermöglichte ich ihr eine spätere Abgabe ihrer Arbeit.

Wieder vergingen einige Wochen. Die Seminararbeit blieb aus. Zu Beginn des nächsten Semesters tauchte die Ordensfrau erneut in meiner Sprechstunde an der Uni auf. Sie wolle sich nur verabschieden, sagte sie. Ihre Oberin habe sie beim Schreiben der Seminararbeit »ertappt« und ihr daraufhin fehlenden Gehorsam vorgehalten. Zur Strafe dürfe sie jetzt gar nicht weiterstudieren, sondern sei zurück in ihr Stammkloster versetzt worden, um dort erst einmal in der Küche zu arbeiten. Vor mir saß eine gebrochene Persönlichkeit, ein Opfer willkürlicher und gewaltvoller Machtausübung im Namen der Kirche. Wie ihr Weg weiter verlaufen ist, weiß ich nicht.

Der Bruch, den der Missbrauch in der Kirche gegenwärtig sichtbar macht, ist auch ein Bruch mit dem bisherigen Modell von Führung, es ist ein Bruch mit der »heiligen Herrschaft«, der Hierarchie, deren Agieren viel zu oft alles andere als »heilig« war. Es ist ein Bruch mit jeder Form von Gewalt, sei es körperliche oder seelische, im Namen der Kirche oder auch nur unter ihrem Deckmantel, sei es strukturelle Gewalt in Form von Abhängigkeiten, falsch verstandenem Gehorsam oder Männerbündelei.

Angelehnt an die »Sieben Säulen der Neuen Autorität« versuche ich mir eine Gemeinschaft von Christen vorzustellen, in der statt der alten kirchlichen Hierarchie neue Grundhaltungen das Miteinander und auch künftige Formen von Leitung in der Kirche bestimmen.

1. Präsenz und Nähe statt Distanz und Abgehobenheit

Die Tragödie mancher kirchlicher Amtsträger beginnt schon mit der meistens eher unbewussten Entdeckung: Die Weihe überträgt zwar Macht, aber sie verleiht nicht automatisch auch Autorität. Formell wird in der alten Kirche mit der Weihe eine Amtsgewalt verliehen, die eher rechtlich gedacht ist. Junge Priester müssen stärker als früher im Alltag beweisen, dass die ihnen mit der Weihe zugesprochene amtliche Macht auch durch persönliche Autorität gefüllt ist. Ich erlebe junge Kollegen, die der Frage nach Legitimation ihrer Vorrangstellung in einer Gemeinde hilflos gegenüberstehen. Die Reaktion: Sie ziehen sich zurück auf die reine Behauptung von Autorität, indem sie versuchen, überkommene Modelle von Hierarchie wiederzubeleben. Lange schwarze Soutanen und römische Priesterkragen erzeugen Distanz und erwecken den Eindruck von Unnahbarkeit. Die Betonung des Unterschiedes von Priestern und »Laien« in der Liturgie erzeugt klerikales Dominanzgehabe. Auf einmal scheint die wichtigste Frage im Gottesdienst zu sein, ob sich ein »Laie« auf einen »Priestersitz« setzen darf oder nicht. Der Gottesdienst wird nicht selten zum Kampfplatz, auf dem das Machtgerangel zwischen »Würdenträgern« und Christen ohne Amt vor den Augen der Gemeinde zelebriert wird. Und tatsächlich zeigt sich das manchmal schon sehr konkret daran, wie der Stuhl, der geweihten Amtsträgern vorbehalten ist, im Kirchenraum positioniert und gestaltet ist.

Die Kathedra, der offizielle Sitz eines Bischofs in seiner Bischofskirche, symbolisiert die Lehrautorität eines Oberhirten oder des Papstes. So manche Kathedra, die nach dem Zweiten Vatikanischen Konzil bei der Gestaltung von Bischofskirchen eher als funktional nüchterner Stuhl sichtbar war, wurde in den vergangenen Jahren wieder zu einer Art Bischofsthron emporgehoben. Schaut man sich Bilder von den Auftritten des Papstes während des Pontifikats Benedikts XVI. an, liegt der

Eindruck nahe: Je schwächer Benedikt wurde – und zwar nicht nur körperlich –, desto prachtvollere Gewänder zog man ihm an. Der päpstliche Hofstaat legte alles daran, durch das prunkvolle Zeremoniell etwas zu behaupten, was in den letzten Jahren immer mehr verlorenging: Autorität. Eine Ahnung davon, was künftige Neue Autorität in der Kirche auszeichnen könnte, vermittelt das Auftreten von Papst Franziskus, der demonstrativ auf die äußerliche Behauptung päpstlicher Macht verzichtete und damit innerhalb kürzester Zeit dem Amt zu lange nicht mehr gekannter Autorität verhalf. Der Papst mit den orthopädischen Schuhen, dem Kassenbrillengestell auf der Nase und der abgeranzten Aktentasche, die er selbst trägt, wirkt nahbar. Er stellt allein über solche Äußerlichkeiten Beziehung her. Setzt die Alte Autorität auf Distanz und die Betonung des Unterschieds zwischen »oben« und »unten«, vertraut die Neue Autorität nach dem Beispiel des gegenwärtigen Papstes ganz auf die Herstellung von Autorität über Nähe und Beziehung. Der Papst wirkt dadurch in der Begegnung mit Menschen ungeheuer präsent.

Wer künftig in der christlichen Gemeinschaft Leitung ausüben will, kann dies nur tun, wenn er oder sie wirklich authentisch und als Persönlichkeit präsent ist. Nur wer psychisch und emotional dazu in der Lage ist, Menschen zu begegnen wie Jesus es tat, auf Augenhöhe und ohne Unterordnung, nur wer sich nicht hinter der Amtsgewalt verstecken muss, hat auch wirkliche Autorität. Ziel von Leitung ist nicht die Ausübung von Macht, sondern die Verantwortung für die Gestaltung von Beziehung. Das bedeutet, wirklich präsent zu sein, mir selbst und anderen achtsam und immer mit Respekt zu begegnen.

Als ich die Leitung des Teams in der Katholischen Hochschulgemeinde in Würzburg übernahm, gab mir ein befreundeter Therapeut einen Rat mit auf den Weg: Ganz gleich, wie hoch die Arbeitsbelastung sei, ich solle darauf achten, immer an die Geburtstage meiner Teammitglieder zu denken. Dieser Rat erschien mir zuerst recht dürftig und schlicht. Mit der Zeit habe ich verstanden, was er beinhaltete. Die Geburtstagstermine sind nur ein Beispiel für die Bedeutung tatsächlicher Wertschätzung, die Menschen in Leitungsverantwortung zu vermitteln haben. An einen Geburtstag zu denken, bedeutet: Ich sehe dich als Mensch. Wir arbeiten zusammen, aber ich bin eben nicht nur Chef, sondern zuerst Mitmensch. Meine schwächsten Phasen in der Leitung habe ich immer dann erlebt, wenn ich zwar viel gearbeitet, aber meine Kolleginnen und Kollegen im Team wenig wahrgenommen habe. So wichtig gerade in professionellen kirchlichen Kontexten die Wahrung der Distanz ist, es ist die mitmenschliche Nähe verbunden mit dem unbedingten Respekt, die christliches Zusammenleben und -arbeiten ausmacht.

2. Dialog und Selbstkontrolle statt Gehorsam und Überwachung

Kirchliche Hierarchie war und ist vor allem von dem Bestreben geleitet, die Kontrolle zu behalten. Dabei setzt sie im Sinn der Alten Autorität auf das Einfordern von Gehorsam zur Durchsetzung von Werten, die das christliche Leben doch eigentlich bestimmen sollten. Das Liebesgebot Jesu lässt sich aber letztlich niemals auf dem Weg der Unterordnung und Überwachung von Regeln durchsetzen. Wer dafür eintritt, dass Kirche die Gemeinschaft ist, die Jesu Liebe weiterträgt, braucht auf jeder Ebene kirchlichen Lebens und auch in der Leitung vor allem eines: Liebe. Übersetzt in den kirchlichen Alltag heißt das: Ich setze eher auf die Kontrolle meiner eigenen Persönlichkeit als darauf, andere Menschen zu kontrollieren. Ich gehe von meiner eigenen Fehlbarkeit aus, anstatt anderen gegenüber Unfehlbarkeit zu behaupten. Statt zu belehren, zu moralisieren oder zu dominieren setze ich immer auf Dialog und gehe auch in der Leitung davon aus, dass jemand anderes es besser weiß als ich. Künftige kirchliche Autorität entsteht dadurch, dass Christen in der Leitung oder mit einem Amt nicht am Rechthaben interessiert sind, sondern dafür Verantwortung tragen, dass gemeinsam Lösungen gefunden werden, die von allen in der Kirche mitgetragen werden. Auch ein neuer synodaler Prozess in der Kirche kann nur dann gelingen, wenn Gespräche tatsächlich in diesem Sinn ergebnisoffen geführt werden und nicht von vornherein von der Angst kirchlicher Hierarchen bestimmt wird, die Kontrolle zu verlieren.

3. Stärke in Gemeinschaft statt einsamer Macht

Ein Kennzeichen der Alten Autorität ist die einsame Entscheidung des Priesters oder Bischofs. Kommt ein neuer Bischof in eine Diözese, wird auch heute noch der Eindruck vermittelt, nun stünden alle Uhren auf null. Ob in diözesanen Behörden oder in Kirchengemeinden – alle starren wie gebannt darauf, welche Entscheidungen er nun fällt. Ähnliches lässt sich für Pfarrerwechsel und erst recht für den Beginn eines neuen päpstlichen Pontifikats feststellen. Die Beanspruchung alleiniger Entscheidungsmacht erzeugt aber vor allem eines: Einsamkeit. Einsame Amtsträger haben vielleicht Macht, doch sie sind schwach. Hilfe anzunehmen gilt unter vielen kirchlichen Amtsträgern immer noch als Zeichen mangelnder Führungsstärke und ist mit der Angst vor Machtverlust verbunden. Entscheidungen im Alleingang werden in der Logik der Alten Autorität fast als Anzeichen für Leitungskompetenz betrachtet.

Eine christliche Gemeinschaft auf dem Weg der »Neuen Autorität« weiß, dass die Stärke der Botschaft Jesu nur erlebbar wird, wenn sich Menschen auf allen Ebenen gegenseitig unterstützen. Immer wieder wird in diesem Kontext von Vertreterinnen und Vertretern des pädagogischen Konzepts der Neuen Autorität ein afrikanisches Sprichwort zitiert: »Um ein Kind zu erziehen, braucht es ein ganzes Dorf.« Angewandt auf eine neue Vision von Christsein könnte das Sprichwort bedeuten: Jeder Mensch braucht Unterstützungssysteme um sich herum, um glaubwürdig Christ sein zu können, erst recht jeder Mensch in Leitungsverantwortung, erst recht jeder Bischof und jeder Papst. Unterstützungssysteme meint aber nicht untergebene Mitarbeiterinnen und Mitarbeiter, sondern Menschen, die mir auf Augenhöhe zur Seite stehen, mir jedoch auch auf Augenhöhe korrigierend unter die Arme greifen. Schon die Aussendung der Jün ger geschah nicht als Beauftragung von Einzelkämpfern, sondern in Zweierteams (Markus 6,7). Der Völkerapostel Paulus würdigt in allen seinen Briefen die Mitarbeiterteams in den Gemeinden, Frauen und Männer, die offensichtlich gemeinsam Leitung wahrnahmen, zumindest in der frühen Phase des Christentums. Stärke entsteht immer durch die Kraft von der Seite. Erst recht sind diejenigen darauf angewiesen, die mit besonderen Ämtern oder Leitungsaufgaben betraut sind. Die Struktur einer Gemeinschaft von Christen wird nur eine Zukunft haben, wenn sie sich vom alten Hierarchiemodell verabschiedet und zu dem schon einmal in der kirchlichen Frühzeit praktizierten Teammodell zurückfindet.

Kirche in diesem Sinn wäre eher Bündnis von Menschen in Teams mit unterschiedlicher Verantwortung und unterschiedlichen Aufgaben statt einer willenlosen Hammelherde, die einsamen Hirten zu folgen hat.

4. Bleiben statt Durchgreifen

Im pädagogischen Kontext geht es an diesem Punkt tatsächlich um die Frage, wie sich der gewaltlose Widerstand eines Mahatma Gandhi oder eines Martin Luther King für Eltern oder Lehrerinnen und Lehrer in schwierigen Konfliktsituationen mit einem Kind leben lässt. In der Alten Autorität ging es darum, sich gegenüber »schwierigen Kindern« im Kampf zu behaupten, um die Macht und schließlich die Kontrolle zu behalten. Unmittelbares Durchgreifen gilt in der Alten Autorität als wichtiges Signal, um die Machtposition nicht infrage stellen zu lassen. Solche Kämpfe enden in der Regel mit der Unterordnung und Beschämung des Besiegten. Von Gandhi beeinflusst, der durch seinen gewaltlosen Widerstand letztlich die Unabhängigkeit Indiens bewirkte, wurde dem in der Neuen Autorität das Prinzip der Beharrlichkeit dagegengesetzt. Bis hin zum Sitzstreik, der von Haim Omer als elterliches Sit-In im Kinderzimmer in den Zusammenhang der Erziehung übertragen wurde, lässt sich diese Haltung Gandhis konkret weiterdenken, in schwierigen Situationen nicht auf Kampf zu setzen, sondern auf das Bleiben. Ziel ist nicht, die Kontrolle zurückzuerobern, sondern in Beziehung zu bleiben. Es geht nicht mehr um Macht, sondern um Stärke. Entschlossenheit zeigt sich nicht an der Geschwindigkeit der Reaktion, sondern äußert sich vielmehr im besonnenen Dranbleiben. Ein Satz, der dieser Haltung des gewaltlosen Widerstands in der Neuen Autorität zugeordnet ist, lautet: »Wir können dein Verhalten nicht mehr akzeptieren und wir sind jetzt hier bei dir, weil du uns wichtig bist und wir an einer Lösung/Veränderung interessiert sind.« Dabei wird die Rolle, die Eltern oder Lehrerinnen und Lehrer gegenüber einem Kind haben, nicht aufgegeben, Unterschiede werden nicht eingeebnet. Die besondere Verantwortung bleibt bestehen, aber nicht auf dem Weg der Sanktionen »von oben«, sondern im Dialog, der an einer gemeinsamen Lösung orientiert ist. Dabei kann das Prinzip der Verzögerung bewusst dazu beitragen, dass eine Situation deeskaliert wird. Haim Omer wandelt in diesem Zusammenhang immer wieder ein altes Sprichwort ab und legt Eltern nahe: »Man soll das Eisen schmieden, wenn es kalt ist.«

Bleiben, wenn es schwierig wird – vielleicht ist dieses Prinzip der Neuen Autorität eines, das uns am meisten abverlangt, aber der Botschaft der Evangelien am deutlichsten folgt. Was könnte es bedeuten, Menschen niemals die Beziehung zu versagen und an ihrer Seite zu bleiben, selbst wenn sie große Schuld auf sich geladen haben? Was könnte es für Menschen in kirchlicher Leitungsverantwortung bedeuten, die in Konfliktsituationen nicht länger auf die Durchsetzung von Macht bauen, sondern auf das Erhalten von Beziehung? Was, wenn man Christen genau daran erkennen könnte: Das sind Menschen, die bleiben, wenn es schwierig wird.

Für einen Augenblick huscht durch meine Gedanken wieder das Bild von den Frauen unter dem Kreuz, die bleiben und deshalb später dem Auferstandenen begegnen. Ich denke an die Begegnung Jesu mit dem Zöllner Zachäus, der als römischer Kollaborateur Menschen unerträgliche Steuern auflud und dessen Verhalten auch in den Augen Jesu inakzeptabel war. Zu ihm sagt Jesus: »Ich muss heute in deinem Haus bleiben« (Lukas 19,5). Der Evangelist Johannes erhebt zum wichtigsten Auftrag, den der auferstandene Herr seiner Gemeinde hinterlässt: »Bleibt in meiner Liebe!« (Johannes 15,9–12). Echte Autorität haben in einer Gemeinschaft von Christen in Zukunft nicht diejenigen, die Macht behaupten, sondern jene, die bleiben, wenn es schwierig wird. Vielleicht wäre das eine der wichtigsten Botschaften, die man künftig Frauen und Männern bei ihrer Weihe oder Beauftragung zu einem kirchlichen Dienst mit auf den Weg geben sollte.

5. Versöhnung statt Vergeltung

Für die Neue Autorität gilt: Beziehung ist die wichtigste Ressource, gerade in Konfliktsituationen. Wie kann es gelingen, dass Menschen in jeder auch noch so schwierigen Situation in ihrer Würde geachtet und nicht beschämt werden? Das Handeln Jesu, gerade in der Begegnung mit sogenannten Sündern, hatte immer zum Ziel, Menschen wieder einen Platz in der Gesellschaft zu geben. Setzt die Alte Autorität auf Ausgrenzung und »Exkommunikation«, geht es der Neuen Autorität um Versöhnung. Ihr ist daran gelegen, Menschen in jeder Lebenssituation erfahren zu lassen, dass der Kontakt, der Beziehungsfaden niemals abreißt. Jeder Mensch soll erleben: Ich gehöre dazu, was auch immer ich getan habe.

Bei Taufen habe ich deshalb seit Jahren einen zusätzlichen Text in den Ablauf eingefügt. Gemeinsam mit der Familie, bewusst aber auch mit der anwesenden Gemeinde gebe ich jedem Täufling folgendes Versprechen mit auf den Weg:

> N., wir sagen Ja zu dir.
> Ja, du gehörst zu uns.
> Ja, wir mögen dich und stehen zu dir.
> Ja, wir halten zu dir und geben dich nicht auf,
> auch wenn du andere Wege als wir gehen solltest.
> Wir wollen dir nahe sein.
> Wir bejahen dich, so wie du bist.
> Jetzt und das ganze Leben hindurch.

Bisher wurde bei Taufen immer nur betont, dass sich jetzt ein Mensch an die Gemeinschaft der Kirche bindet oder in die Gemeinde aufgenommen wird. Mir ist die umgekehrte Perspektive mindestens genauso wichtig: Bei jeder Taufe bindet sich die Kirche an einen weiteren konkreten Menschen mit seiner Persönlichkeit. Die Gemeinschaft sagt dem Einzelnen damit zu: Von jetzt an bleiben wir verbindlich an deiner Seite. Uns ist an dir gelegen. Im Grunde ist jede Taufe eine Selbstverpflichtung der Gemeinde, in die der Täufling aufgenommen wird: Was auch immer passiert, wir bleiben!

Im Nachhinein beeindruckt mich der Entschluss einer Ordensgemeinschaft, die von früheren Missbrauchstaten eines ihrer Ordensmitglieder erfahren hatte. Die Ordensleitung entschied, den Mann, dessen Taten inzwischen verjährt waren, nicht aus der Gemeinschaft auszuschließen. Er durfte zwar nicht mehr als Priester tätig sein, aber er blieb Mitglied des Ordens. In mir regte sich zunächst Widerstand gegen diese Entscheidung. Wie viele andere Menschen auch hätte ich mir ein konsequenteres Vorgehen und den Ausschluss des Missbrauchstäters aus dem Orden erwartet. Die Begründung der Ordensleitung für ihren Entschluss hat mich dann doch nachdenklich gemacht: Man werde den Mann nicht ausschließen, weil man schließlich auch als System Mitverantwortung für die durch ihn begangenen Taten habe. Man habe sich bewusst dafür entschieden, mit dem Täter in den eigenen Reihen weiter zusammenzuleben. Damit würden die Verbrechen nicht verharmlost, sondern man wolle deutlich machen, dass der Orden sich seiner Mitverantwortung dafür bewusst bleibt, dass ein einzelner Mensch in seiner Mitte zum Täter geworden ist.

Ich wage zu hoffen: Künftig erkennt man die Gemeinschaft der Christen daran, dass sie niemanden ausgrenzt, und sei er noch so sehr in Schuld verstrickt und eine Belastung für die Gemeinschaft. Erst recht wage ich zu hoffen, dass Menschen, die bislang durch die Kirche diskriminiert und ausgeschlossen wurden, ohne Schuld auf sich geladen zu haben, volle Anerkennung finden. Ich erwarte, dass die »umgekehrte Kirche« endlich den Begriff »Exkommunikation« aus ihrem Wortschatz streicht. Zu Vorstehern der Gemeinde werden diejenigen Frauen und Männer gewählt, die die größte Gabe besitzen, in Beziehung zu Menschen zu bleiben und die damit die höchste Autorität genießen.

6. Transparenz statt Unfehlbarkeit

Kennzeichen der Alten Autorität in der bisherigen hierarchischen Struktur der Kirche sind undurchsichtige Entscheidungswege, fehlende Kontrolle von »unten« nach »oben« und fehlende Transparenz, auch im Umgang mit Geld. Fehler und Versagen wurden vertuscht, weil es sie ja eigentlich nicht geben darf. Die Kirche ist schließlich heilig und ihre Priester und Bischöfe sind es angeblich auch. Selbst wenn sich das 1870 verkündete päpstliche Unfehlbarkeitsdogma formal auf wenige Situationen beschränkt, in denen es einem Papst erlaubt ist, tatsächlich mit dem Anspruch der Unfehlbarkeit zu sprechen, so ist die Grundkonstruktion des

Dogmas doch gefährlich: Sie kann dazu führen, dass grundsätzlich Äußerungen eines Papstes oder Bischofs als besonders wahr oder gar fehlerfrei betrachtet werden. Das muss nicht einmal formal so behauptet oder definiert werden. Auch Bischöfe und Päpste haben Meinungen, die kritikwürdig oder auch abzulehnen sind. Alles muss hinterfragbar sein. In der Neuen Autorität ist es etwas vollkommen Normales, Fehler zu machen und davon auszugehen, dass Menschen um mich herum genauso Fehler machen – ob mit oder ohne Weihe. Zu einer neuen »Fehlerkultur« würde gehören, dass Fehler und Versagen nicht verheimlicht werden müssen, weil sie nicht »Beschmutzung« einer »heiligen Kirche« bedeuten, sondern weil sie im Zusammenleben von Menschen natürlicherweise auftreten. Der Abschied von der Alten Autorität bedeutet auch den Abschied von der Behauptung einer »makellosen Kirche«. Im Ersten Vatikanischen Konzil wurde nicht nur die Unfehlbarkeit definiert, sondern es wurde auch das Bild einer Kirche weiter zementiert, die sich selbst als *societas perfecta,* als »vollkommene Gesellschaft« bezeichnete. Zwar relativierte man diese theologische Überhöhung der Kirche im Zweiten Vatikanischen Konzil, sie lebte aber im Verständnis der meisten Kirchenmitglieder und in der Selbstwahrnehmung vieler Amtsträger weiter.

Es braucht den Abschied von einem Amtsverständnis, das Amtsträger heiliger, reiner oder wahrer erscheinen lässt als den Rest der Kirche. Fehler müssen transparent gemacht werden, nicht um Menschen zu beschämen und auszugrenzen, sondern um wirklich daraus zu lernen. Ein Grundirrtum der bisherigen Aufarbeitung der Missbrauchstaten in der Kirche liegt in der Annahme, man müsste nur die einzelnen Täter ausfindig machen und bestrafen und damit sei die Kirche wieder »rein«. Das Bild der »Reinigung« vermittelt dabei den Eindruck, als seien es nur Einzelne, die die zuvor »reine« Kirche beschmutzt hätten. Es geht aber nicht um Reinigung, denn diese Kirche war niemals »rein«. Es geht um Änderungen in den Strukturen, die durch ihre Intransparenz Missbrauch möglich gemacht haben. Es geht um Verschweigen und Zudecken, um Abhängigkeiten und Mitwisserschaft. Letztlich geht es um Gewaltstrukturen einer Alten Autorität.

Neue Autorität verlangt immer auch eine Demokratisierung von Beziehungen, um mehr Transparenz herzustellen. Im Blick auf die Gemeinschaft der Christen wäre es schon hilfreich, wenn Frauen und Männer Ämter auf Zeit verliehen bekämen, so wie es demokratische Kultur ist. Warum nicht Gemeindeleiter und auch Bischöfe für eine festgelegte Zeit wählen mit der Möglichkeit der Wiederwahl? Dafür müsste allerdings ein neues Verständnis der Ordination oder Weihe Einzug halten. Es verlangte den Abschied von einer Weihe, mit der nach herkömmlicher Lehre den Geweihten ein *character indelebilis,* ein »untilgbares Prägemal« verliehen wird. Wer hingegen auf Zeit gewählt wird, unterliegt einer Kontrolle, die bislang gefehlt hat. Es schadet weder der Autorität eines Amtes noch der Persönlichkeit eines Menschen, wenn Ämter auf begrenzte Zeit verliehen und auch wieder abgegeben werden.

7. Wiedergutmachung statt Ausgrenzung

Wir lernen gemeinsam, wie es besser gehen kann – diese Haltung der Neuen Autorität zeigt, dass ihr Vorgehen immer konstruktiv, aufbauend und auf die Wiederherstellung von Beziehung hin angelegt ist. Während die Alte Autorität auf Strafen und Sanktionen setzt und damit Menschen auf vergangenes Geschehen festlegt, geht es der Neuen Autorität um ein künftiges besseres Zusammenleben. Dabei braucht es auch äußere unterstützende Gesten, die auf dem Weg eines Wiedergutmachungsprozesses Menschen ermutigen, den Weg fortzusetzen. Für eine neue Struktur einer künftigen Kirche würde das bedeuten: Alles kirchliche Handeln muss davon geleitet sein, Menschen für ihr Leben und für das Zusammenleben mit anderen zu ermutigen. Vorbild könnte dabei die Erzählung vom barmherzigen Vater sein (Lukas 15,11–32). Wer ein Amt in der Kirche bekleidet, muss zuerst wie der Vater in der Erzählung fähig sein, Menschen ihren Weg gehen zu lassen. Der unbedingte Respekt vor der Freiheit und Selbstbestimmtheit eines jeden Menschen ist Kennzeichen der Neuen Autorität. Die Hierarchie der Alten Autorität fördert nicht die Freiheit, sondern verlangt die Unterordnung. Voraussetzung für die Neue Autorität in kirchlichen Ämtern ist daneben die Gabe, warten zu können und Geduld zu haben, wie der barmherzige Vater Ausschau zu halten. Auch hier hilft ein von Haim Omer verfremdetes Sprichwort: »Und bist du nicht willig, so brauch ich Geduld.« Neue Autorität richtet nicht, sondern begleitet. Ich habe unzählige Erfahrungsberichte von Menschen gehört, die in Beichtstühlen gerichtet und entmutigt wurden. Ich begegne immer wieder Brautpaaren, die auf Umwegen bei mir landen, weil sie anderen Pfarrern nicht katholisch genug waren, formalen Vorgaben nicht entsprachen oder einfach weggeschickt wurden, weil der Prozess der Begleitung den Kollegen zu aufwändig erschien. Anstelle der alten Unkultur der Ablehnung brauchen wir eine neue Kultur der Aufnahme und Ermutigung. Dafür steht wiederum der barmherzige Vater, der den heimkehrenden Sohn nicht mit Auflagen und Ermahnungen begrüßt, sondern mit einem Fest.

Die Prinzipien der Neuen Autorität entwerfen ein vollkommen neues Bild davon, wie Autorität in der christlichen Gemeinschaft der Zukunft erworben und gelebt wird. Sie ist vor allem geprägt von konsequent gelebter Gewaltlosigkeit, vom unbedingten Respekt vor der Würde eines jeden Menschen. Sie verzichtet auf Selbstüberhöhung, auf Unterordnung und Beschämung. Es ist eine durchweg ermutigende Autorität in Beziehung. Ämter und Aufgaben in einer solchen Kirche der Neuen Autorität auf Zeit zu übernehmen, könnte heutige Menschen vielleicht auch wieder anziehen. Ich erlebe viele junge Leute in meiner Umgebung in der Katholischen Hochschulgemeinde, die sich für andere Menschen engagieren und das mit dem Bewusstsein verbinden, dass sie auf diese Art ihr Christsein zu leben versuchen. Ihnen ist daran gelegen, christliche Werte wirklich konkret in ihrem Alltag umzusetzen. In einer Kirche, wie ich sie mir vorstelle für die Zukunft, würden genau diese Menschen für eine gewisse Zeit kirchliche Ämter und Aufgaben übernehmen, weil sie dafür nicht besonders »heilig« sein müssen, sondern weil diese Aufgaben ihnen die besten Entfaltungsräume für ihre Ideale bieten. Maßstab für die Übernahme kirchlicher Ämter wäre nicht mehr, ob sich jemand unterordnen oder ins System einpassen kann, sondern als mündige Christin und als überlegt denkender Christ bereit ist, für begrenzte Zeit Verantwortung wahrzunehmen. Die künftige Kirche braucht nicht mehr die »heiligen Männer«, die in ihrer Ausbildung in der Sonderwelt Priesterseminar von der Lebensrealität der Menschen entfernt werden, sondern gerade Menschen, die in ihrer normalen Lebenswelt bleiben und von dort aus kirchliches Leben verantwortlich mitgestalten.

1989 hielt der damalige Präfekt der Römischen Glaubenskongregation, Kardinal Ratzinger, den Festvortrag zur 400-Jahr-Feier des Würzburger Priesterseminars. Mit vielen Festgästen waren auch wir Seminaristen in die Aula der Universität, die Neubaukirche, eingeladen, um den Worten des Kurienkardinals zu lauschen. Er sprach über die Geschichte der Priesterausbildung und die besonderen Herausforderungen der Gegenwart. Und dann kam der Moment, der mich wie ein Schlag ins Gesicht traf. Der spätere Papst Benedikt sagte sinngemäß, Seminaristen seien wie unbehauene grobe Steine, die in der Priesterausbildung behauen und dort in ihre richtige Form gebracht werden müssten. Meine spontane Reaktion damals: Ein deutliches inneres Nein. Nein, ich lasse mich als Mensch, als Christ und auch als Seminarist von keinem Kardinal oder sonstigen Würdenträger mit Hammer und Meißel behauen und ich will selbst niemals einem Menschen mit einem solchen Anspruch begegnen! Die Kirche, die auf eine neue Autorität setzt, lässt nicht nur diese alten gewalttätigen Bilder hinter sich. Sie bereitet den Weg für Menschen, die gerade nicht passförmig zubehauen werden, sondern die sich für einen kirchlichen Beruf entscheiden, weil dort wie in kaum einem anderen Beruf Möglichkeiten geschaffen werden, um eigene Stärken und Begabungen und um die Verwirklichung eigener christlich geprägter Ideale am besten zu entfalten und dabei lebendig und unangepasst zu bleiben.

Bündnis statt Mitgliedschaft

Ich sitze mit einer guten Freundin an deren Küchentisch. Wir sprechen wieder einmal über unser jeweiliges Verhältnis zur eigenen Kirche. Und wie meistens, wenn etwas Bedeutung hat, ist das, worüber wir reden, sehr konkret. Sie ist evangelisch und in ihrer Tradition tief verwurzelt. Dort, wo sie wohnt, singt sie in einem katholischen Kirchenchor und fühlt sich deshalb der Gemeinde, in der sie alle hohen kirchlichen Feiertage musikalisch mitgestaltet, sehr verbunden. Manchmal, so sagt sie, habe sie schon überlegt, ob sie deshalb katholisch werden solle. Aber sie sei eigentlich gerne und auch mit Überzeugung evangelisch. Ich erzähle ihr davon, dass mir ein Theologiestudent einmal mit vorwurfsvollem Ton vorgehalten habe, ich hätte ein »evangelisches Eucharistieverständnis« und überhaupt sei ich »doch wohl eher evangelisch«. Hintergrund war ein Seminar, das ich als Assistent am Biblischen Institut zum Thema »Neutestamentliche Abendmahlstraditionen« angeboten hatte. Der Student aus dem Priesterseminar konnte sich nicht damit abfinden, dass die neutestamentlichen Texte noch relativ wenig davon aufweisen, was sich später an kirchlicher Lehre rund um das Abendmahl entwickelt hat. Ich stelle fest, dass ich mich in mancher Hinsicht, gerade was das Amtsverständnis und die synodalen Strukturen betrifft, der evangelischen Kirche innerlich näher fühle. Meiner Kirche aber den Rücken zu kehren und evangelisch zu werden, war für mich nie ein Thema. Etwas scherzhaft meine ich, es müsste eigentlich so etwas geben wie eine doppelte Kirchenmitgliedschaft, ähnlich wie die doppelte Staatsbürgerschaft. Das wäre doch eine gute Möglichkeit für alle, die aus unterschiedlichen Gründen sowohl in der evangelischen als auch in der katholischen Kirche beheimatet sind. Meistens hat das Gefühl der Beheimatung doch mit ganz konkreten Umständen zu tun, wie bei der Freundin mit dem Kirchenchor. Ich kenne manche konfessionsverschiedenen Paare, die sofort zugreifen würden, wenn es eine doppelte Kirchenmitgliedschaft gäbe. Sie gehen wechselseitig in den Gottesdienst in der evangelischen beziehungsweise katholischen Gemeinde und fühlen sich ganz gut dabei.

Wir beschließen am Küchentisch mit einem Grinsen, aber nicht ohne ernsten Hintergrund, dass wir von nun an weiter am Projekt »doppelte Kirchenmitgliedschaft« arbeiten. Wenig später verfolge ich im Frühjahr 2019 sehr aufmerksam die Berichterstattung vom Evangelischen Kirchentag in Dortmund. Mich beeindrucken die klaren Statements des Kirchentages zur privaten Seenotrettung und die offizielle Solidarisierung mit der jungen Klimabewegung »Fridays for future«. Aus der katholischen Kirche ist zu diesem Zeitpunkt wieder einmal nichts zu hören. Dieses Schweigen oder häufig so schwerfällige Reden der katholischen Kirchen zu aktuellen gesellschaftlichen Fragen ärgert mich. Ich schreibe meiner Freundin eine kurze Nachricht: »Wir arbeiten weiter an der doppelten Kirchenmitgliedschaft. Ich bin in diesen Tagen gerne evangelisch.«

Meine Verbundenheit mit der einen oder der anderen Kirche hat viel mit Engagement und einzelnen Themen und an der ein oder anderen Stelle auch mit bestimmten Lehrinhalten zu tun. Die Festlegung auf eine bestimmte Konfession wird mir mit meinem Lebensgefühl da nur unzureichend gerecht. Wenn nun schon ich als katholischer Priester eine solche Aussage treffe, wie ist es dann erst um viele andere Kirchenmitglieder bestellt?

Manche gehen mit ihrer Kirchenzugehörigkeit ähnlich um wie mit ihrer Mitgliedschaft im Fitnessstudio. Sie finden sie irgendwie gut, zahlen brav ihre Beiträge, gehen aber nicht hin. Sogar das schlechte Gewissen regt sich hier in der Kirche wie dort im Fitnessstudio in ähnlicher Weise. Gerade bei vorbereitenden Gesprächen vor Hochzeiten oder Taufen höre ich immer wieder entschuldigende Sätze wie: »Ich gebe zu, ich bin nicht so der eifrige Kirchgänger, aber mir bedeutet das trotzdem etwas.« Mir sind solche Äußerungen als Adressat der Entschuldigung meistens ebenso peinlich wie denen, die in diesem Augenblick das Gefühl haben, sie müssten sich mir, dem katholischen Priester, erklären. Erwachsene Menschen verfallen in diesen Situationen immer wieder in fast kindliche Entschuldigungsmuster.

Da sucht jemand mal wieder Kontakt zur eigenen Kirche, weil ein wichtiges Lebensereignis wie eine

Hochzeit, eine Taufe oder eine Beerdigung anstehen, und sofort scheint der Vorwurf im Raum zu stehen: Wo bist du sonntags im Gottesdienst? Warum lässt du dich nie sehen? Mir ist es in solchen Gesprächen mehr als unangenehm, dass Menschen diesen Vorwurf automatisch mit mir als kirchlichem Amtsträger verbinden. Das liegt nicht an mir, auch nicht an denen, die meinen, sich entschuldigen zu müssen, sondern an dem Anspruch einer Kirche, die Menschen über ihre Mitgliedschaft vor allem an deren vermeintliche Pflichten erinnert und ihr Versäumen anmahnt.

Das Thema, das für mich in diesem Moment immer wieder auftaucht, ist das gleiche, über das wir am Küchentisch gesprochen haben. Das Modell der Mitgliedschaft passt nur sehr bedingt zu dem Gefühl der Zugehörigkeit. Und ich habe den Eindruck, die Kirche fordert zwar stark diese Mitgliedschaft ein, verweist auf alle möglichen Pflichten wie etwa regelmäßiges Erscheinen bei den Gottesdiensten, der »Service«, den sie aber ihrerseits ihren Mitgliedern bietet, ist ziemlich mager. Die Klage, die ich von so vielen Pfarrern oder anderen Hauptamtlichen höre, wenn sie über den »Ertrag« des Weißen Sonntags sprechen, kann ich ehrlich gesagt nur noch schwer ertragen. Sie wissen es vorher und sind dann doch jedes Jahr aufs Neue enttäuscht, dass nach der Erstkommunion so wenige Kommunionkinder im Gottesdienst »übrigbleiben«. Mit riesigem Eifer stürzen sich kirchliche Hauptamtliche in die Vorbereitung und empfinden es später als persönliche Kränkung, wenn nach dem schönen Fest die Kinder und ihre Eltern nicht mehr auftauchen. Der Plan, Kirchenmitglieder durch eine ansprechende Erstkommunionkatechese stärker an die Kirche zu binden oder gar für eine Mitarbeit in der Gemeinde zu rekrutieren, scheitert in den meisten Fällen. Eine ziemlich überraschungsfreie Tatsache, die aber bei manchen Hauptamtlichen in der Kirche über Jahrzehnte jedes Jahr wie ein unvorhergesehenes Ereignis neu bejammert wird.

Kein Wunder, denke ich mir, dass die Leute wegbleiben. Sie lesen das »Kleingedruckte« nicht, das ihr Kirchenleute vor einem Weißen Sonntag sozusagen in euren Vertrag mit den Eltern und Kommunionkindern hineingesetzt habt. Ihr sprecht von einem Lebensereignis und von einem schönen Fest, auf das ihr die Kinder vorbereiten wollt, und vermittelt ihnen mit großem Einsatz einen Zugang zu den Glaubensinhalten, um die es bei diesem Fest geht. Eigentlich aber bezweckt ihr darüber hinaus vor allem die Bindung der jungen Kirchenmitglieder an eure Gemeinde. Und die Eltern wollt ihr am liebsten auch gleich noch wieder zurückholen, um ihre passive Mitgliedschaft in eine aktive umzuwandeln. Das gelingt dann auch hin und wieder, in den meisten Fällen lassen euch die Leute aber mit eurem Kleingedruckten sitzen.

Natürlich ist jeder Verein daran interessiert, dass es genügend aktive Mitglieder gibt, die das Vereinsleben tragen. Aber das Modell der Vereinsmitgliedschaft, das die Zugehörigkeit zur Kirche seit ihren Anfängen bestimmt, erweist sich zunehmend als wenig tauglich. Zudem ist die Kirche dann doch vielleicht auch etwas anderes als ein Verein. Mitgliedschaft ist etwas, das den Geldbeutel betrifft, sie macht sich durch den Mitgliedsbeitrag oder in der Steuererklärung bemerkbar. Und wie so manches Fitnessstudio leben auch die christlichen Kirchen von den Mitgliedern, die zahlen, aber nie oder nur selten kommen. Schon aus diesem Grund sollten die Kirchen diese »Fördermitglieder« etwas besser behandeln, anstatt ihnen dauernd ein schlechtes Gewissen einzureden. Schließlich finanzieren sie sich hauptsächlich über die passiven zahlenden Christen. Andererseits macht nicht nur die vorprogrammierte Enttäuschung, die sich mit Weißen Sonntagen einstellt, deutlich: Mitgliedschaft bezeichnet erst einmal nur einen Status, aber sie beeinflusst nicht automatisch und manchmal auch nicht unter noch so großen Mühen der Vereinsaktiven das Lebensgefühl oder die tatsächliche Zugehörigkeit der Menschen zum Verein.

Das nicht nur humorvoll formulierte Projekt der doppelten Kirchenmitgliedschaft setzt eine neue Definition von dem voraus, was »Kirche« ist oder was sie nach dem Zusammenbruch der Alten Kirche sein könnte. Dafür kann wiederum ein Blick in die Anfangszeit hilfreich sein.

Tatsächlich entwickelten sich Gemeindestrukturen in der frühen Christenheit in Anlehnung an antike Vereinsstrukturen, also über die formale Mitgliedschaft. Daneben gab es aber noch andere Modelle der Zugehörigkeit.

Im Judentum existierte zu neutestamentlicher Zeit die Gruppe der »Gottesfürchtigen«. Mit diesem Begriff wurden Menschen bezeichnet, die sich im Umfeld der Synagogen aufhielten, formal aber keine Gemeindemitglieder waren. Sie waren nämlich eigentlich gar keine Juden, sondern eher »Sympathisanten« der jüdischen Synagogengemeinden. Gerade in der Diaspora, also außerhalb des jüdischen Stammlandes Palästina, spielten die »Gottesfürchtigen« eine wichtige Rolle. Es waren Menschen, die ursprünglich anderen antiken Kulten angehörten, in jüdischer Begrifflichkeit also »Heiden«. Sie sympathisierten mit dieser Religion, weil sie fasziniert waren von der jüdischen Ethik. Haltungen wie Nächstenliebe oder andere Regeln des Zusammenlebens, aber auch der konsequente Glaube an nur eine Gottheit erschien so manchem aufgeklärter und moderner als der Vielgottglaube, dessen Götterhimmel doch eher die Zustände der eigenen Familie abbildete als eine überirdische Wirklichkeit. Diese Sympathisanten scheuten jedoch davor zurück, Vollmitglieder in der jüdischen Gemeinde zu werden. Und auch dies hatte eher einen ganz praktischen und weniger einen dogmatischen Hintergrund: Sie interessierten sich zwar für das Judentum, hatten aber kein Interesse an der Beschneidung oder an der Befolgung jüdischer Speise- und Reinheitsvorschriften. Die Beachtung dieser Vorschriften hätte sie nämlich unweigerlich aus ihrem bisherigen Lebenskontext herausgerissen und nicht selten auch wirtschaftliche und soziale Konsequenzen nach sich gezogen. Spätestens bei Geschäftsessen in einem der vielen Tempelrestaurants rund um heidnische Heiligtümer hätten sie sich absondern müssen. Dort wurde nämlich Fleisch von den

Tieren, die zuvor heidnischen Göttern geopfert worden waren, auf der Speisekarte angeboten. Für ein Mitglied der jüdischen Gemeinde war es unvorstellbar, dort zu essen. Also entschied man sich für eine lose Zugehörigkeit zur Synagogengemeinde.

Aus der Perspektive der Vollmitglieder waren die »Gottesfürchtigen« durchaus willkommen. Man honorierte ihre innere Verbundenheit zum Judentum und man schätzte natürlich auch die finanzielle Unterstützung, mit der die häufig wohlhabenden heidnischen Geschäftsleute die Synagogen bedachten. An der Gruppe der »Gottesfürchtigen« entzündeten sich schließlich Konflikte zwischen den Synagogengemeinden und den ersten christlichen Gemeinden, weil letztere unter den »Gottesfürchtigen« besondere Missionserfolge verzeichneten. Das Christentum bot schließlich aus der Perspektive dieser Personengruppe genau das, was sie immer gesucht hatte: sozusagen ein »Judentum light«, ohne lästige Speise- und Reinheitsvorschriften und vor allem ohne Beschneidung. Dass sich so viele Gottesfürchtige dem Christentum anschlossen, brachte so manche Synagogengemeinde in ernste finanzielle Schwierigkeiten. Die christliche Missionierung der Gottesfürchtigen empfand man als Abwerben. Die Folge war Streit zwischen Juden und Christen.

Die Gottesfürchtigen machen deutlich, dass es durchaus alternative Formen der Zugehörigkeit zu einer religiösen Gemeinschaft geben kann, die nicht nur so manchem Lebensgefühl der Antike, sondern vielleicht gerade der gegenwärtigen Lebensrealität der Menschen heute weitaus näher kommt als das Modell der Mitgliedschaft. Schließlich praktizieren viele ohnehin schon dieses Modell für sich, werden dafür aber von den Kirchen eher geschmäht oder lächerlich gemacht.

Einige sind zwar katholisch, suchen aber ihre spirituelle Heimat in der fernöstlichen Meditation. Und umgekehrt nimmt so mancher, der aus der Kirche ausgetreten ist, bei der eigenen Hochzeit oder bei der Beerdigung eines Familienmitglieds wieder Kontakt mit der Kirche auf. Anstatt diese punktuelle Kontaktaufnahme zu würdigen, vermitteln nicht wenige kirchliche Amtsträger den Kontaktsuchenden stattdessen ein schlechtes Gewissen. In Kollegenkreisen äußert man sich gerne mal abfällig über diese Personengruppe, die ja eh nur dann auftauche, wenn sie es brauche. Damit verhageln so manche Pfarrer mit ihrem Verhalten sich selbst den letzten Handlungsbereich, in dem ihnen auch von Nichtmitgliedern noch Kompetenz zugetraut wird.

In der kirchlichen Sprache ist in diesem Kontext auch gerne von »Fernstehenden-Pastoral« die Rede. Was für ein schlimmer Begriff, der Menschen als »fern« einstuft und das alte Denken von »drinnen« und »draußen« nur weiter zementiert. Von den Frauen unter dem Kreuz weiß der Evangelist Markus übrigens zu berichten, sie hätten »aus der Ferne zugesehen« (Markus 15,40). Ohne diesen Hinweis überzogen zu interpretieren, mag er doch daran erinnern, dass »Fernstehende« manchmal innerlich mehr beteiligt sein können als diejenigen, die eigentlich nahe dran waren, aber innerlich und äußerlich längst die Flucht angetreten haben.

Wenn es so etwas geben sollte wie eine neue Kirche der Zukunft, dann muss diese sich von den alten Einteilungen in drinnen und draußen, in fern und nah, in Mitglieder und Ausgetretene verabschieden. Vor allem muss sie sich von allen Be- und Abwertungen verabschieden, die sich im Moment noch mit dieser Eintaxierung verbinden.

An die Stelle der Mitgliedschaft oder zumindest neben diese könnten andere, ebenso willkommene Formen der Zugehörigkeit treten: Bündnisse zum Beispiel, die sich auf bestimmte Projekte beziehen und sehr wohl vom Geist des Evangeliums erfüllt sind. Ich denke an Studierende, die sich in der Katholischen Hochschulgemeinde in Arbeitskreisen für Menschen mit Behinderungen engagieren oder für Geflüchtete einsetzen, aber nicht am Gottesdienst teilnehmen. In meinen Augen sind sie nicht »Fernstehende« oder weniger zugehörig. Sie suchen an einem bestimmten Punkt Kontakt mit einer christlichen Gemeinde, weil sie das gleiche Anliegen teilen. Im konkreten Beispiel ist es das unbedingte Eintreten für die Würde des Menschen. In diesem Kontext gibt es übrigens rund um die Hochschulgemeinde, in der ich arbeite, bereits so etwas wie eine Gruppe von »Gottesfürchtigen«: Sie teilen die Werte, die wir zu leben versuchen, sie sympathisieren mit unserem Engagement, aber sie waren noch nie Kirchenmitglieder oder sind es formal nicht mehr. Es gibt einige unter ihnen, die bewusst den Betrag, den sie ansonsten als Kirchensteuer abführen würden, direkt an die Hochschulgemeinde überweisen – manchmal mit der ausgesprochenen Begründung: »Ich bin zwar nicht katholisch, aber ich finde gut, was Sie da machen.« Wer in dieser Form ein Bündnis eingeht, muss keine Rechenschaft darüber ablegen, wie oder wo er sonst lebt, welcher Konfession er angehört, er wird nicht für irgendwelche ihm fremden gemeindlichen Aufgaben rekrutiert und muss erst recht kein schlechtes Gewissen haben, wenn er hier oder dort nicht am gemeindlichen Leben oder an Gottesdiensten teilnimmt. Bündnisse stehen grundsätzlich allen Menschen offen, die das gleiche Ziel verfolgen, die gleiche Gesinnung haben oder auch nur für einen Moment in ihrem Leben Kontakt suchen, weil es ihnen gerade hilfreich erscheint. Mitgliedschaften sind oft exklusiv und starr, Bündnisse hingegen verbinden, werden immer wieder neu geschlossen und dürfen auch wieder aufgegeben werden, je nachdem, wie sich die Zeiten und die Bedürfnisse verändern.

Theologisch hat der Begriff des Bündnisses eine lange Tradition. Schließlich berichtet die hebräische Bibel in einer ihrer Basiserzählungen, der Noah-Geschichte, davon, Gott habe mit den Menschen ein Bündnis geschlossen (Genesis 9,9). Von Mitgliedschaft ist hier nicht die Rede. Jesus schließt an diesen Bündnisgedanken mit seiner Sammlungsbewegung an, wenn er immer wieder die alten Einteilungen von drinnen und draußen mit Absicht infrage stellt oder offensiv außer Kraft setzt. Einerseits symbolisiert die Berufung des Zwölferkreises zwar die Absicht Jesu, zuerst die Angehörigen des Volkes Israel zu sammeln. Die Zwölf stehen zeichenhaft für die zwölf Stämme Israels. Andererseits stellt seine Sammlungsbewegung die reine Begrenzung auf die Mitglieder des Volkes Israel infrage. Der »fernstehende« Samariter, der nicht dem Tempelkult in Jerusalem angehört, sondern ein eigenes Heiligtum errichtet hat, wird in der Beispielerzählung vom »Barmherzigen Samariter« von Jesus zum »Nächsten« dessen erklärt, der unter die Räuber gefallen war (Lukas 10,36). Die Zugehörigkeit zum Kraftfeld des Reiches Gottes definiert sich hier über das ethisch richtige Verhalten und gerade nicht über die Mitgliedschaft zu einer bestimmten Gemeinschaft. Man könnte es verkürzt auch so ausdrücken: Christ oder Christin ist, wer sich dem »Bündnis Nächstenliebe« zugehörig fühlt.

Im Markusevangelium ist es schließlich der heidnische Hauptmann unter dem Kreuz, der als erster Mensch erkennt und ausspricht, wer Jesus wirklich ist: »Als der Hauptmann, der Jesus gegenüberstand, ihn auf diese Weise sterben sah, sagte er: Wahrhaftig, dieser Mensch war Gottes Sohn« (Markus 16,39). Der Hauptmann steht im Verständnis des Evangelisten für die Menschen in seiner Gemeinde, die nicht als Juden zum Christentum gefunden hatten. In der heutigen Situation der Kirche könnte er aber auch symbolisch für alle stehen, die religiöse Erfahrungen außerhalb bisher definierter Grenzen der Kirche machen. Menschen, die Wahrheitssuchende und -entdeckende sind. Christ und Christin wäre nach dieser Definition, wer auf Jesus und sein Leben schaut und dabei für sich persönlich eine wichtige Wahrheit entdeckt. Ganz neue, nicht immer leicht zu definierende und schon gar nicht abgrenzbare Bündnisse werden auf diesem Weg sichtbar.

In der Noah-Erzählung gibt es sogar ein Bündniszeichen: den Regenbogen. Charakteristisch hierfür: Er ist sehr flüchtig und lässt sich gerade nicht festhalten. Neutestamentlich findet die Konkretisierung des von Jesus erneuerten Bundesgedankens wohl am ehesten in den Mahlen statt, die er mit Menschen feierte. Zugangsbedingung zu diesen war nicht eine äußerlich definierte Mitgliedschaft, sondern die innere Beteiligung. Einzige Voraussetzung für die Teilnahme war Jesu Einladung, diese aber galt allen Menschen. Wenn die Eucharistie heute weiterhin sichtbares Zeichen und Vergegenwärtigung dieses Bundes sein soll, dann darf sie nicht weiter an eine Kirchenmitgliedschaft gebunden sein, sondern an die innere Hingabe. Vor allem aber darf sie nicht länger von der vermeintlichen Würdigkeit der Teilnehmenden abhängen, sondern sie ist in ihrer Wirksamkeit als Zeichen des Bundes vielmehr abhängig von der Glaubwürdigkeit der offenen Einladung.

Schließlich wäre eine Abkehr der katholischen Kirche von der Festlegung auf die Mitgliedschaft nichts anderes als die Einlösung eines Versprechens, das sie mit ihrem Namen transportiert: »Katholisch« bezeichnet ja nicht eine Einrichtung für Katholikinnen und Katholiken, sondern heißt wörtlich »allumfassende« (griechisch: *katholikos*) Kirche. Unter diesem Vorzeichen dürfte unser Projekt einer doppelten Kirchenmitgliedschaft noch die geringste Herausforderung darstellen.

Erzählung
statt Bekenntnis

Im »Theologischen Gesprächskreis für Nicht-Theolog*-innen« treffen sich in der Katholischen Hochschulgemeinde am Montagabend Studierende verschiedener Fachrichtungen, um mit mir gemeinsam über Glaubensfragen zu sprechen. Die Gruppe bestimmt selbst zu Beginn der offenen Treffen, über welches Thema am jeweiligen Abend gesprochen wird. Das Angebot richtet sich bewusst an junge Leute, die nicht Theologie studieren. Die Erfahrung hat gezeigt, dass alle anderen verstummen, sobald Theologinnen oder Theologen frisch erworbenes Wissen aus ihrem Studium präsentieren.

An diesem Abend sind zwei neue Studierende zum Gesprächskreis dazugekommen. Sie wirken offen und sympathisch, studieren beide ein naturwissenschaftliches Fach und sind schnell im Kontakt mit den anderen Studierenden. Auf meine eröffnende Einladung in die Runde der etwa zehn Teilnehmerinnen und Teilnehmer, für einen Moment innezuhalten und darüber nachzudenken, welches Thema für den Abend Gesprächsgegenstand sein könnte, reagiert einer der beiden prompt und ohne groß nachzudenken: »Bevor wir über irgendetwas anderes sprechen, möchte ich erstmal von euch wissen, wer von euch sich wirklich zu Jesus bekennt und dazu, dass er dich erlöst hat. Das interessiert mich einfach, weil darum geht es doch.« Der Freund, der mit ihm gekommen ist, nickt begeistert. Die anderen schauen sich fragend an und schweigen. Auch mich treffen einige ratlose Blicke. Eine Studentin hebt dann doch etwas zaghaft zu einer Antwort an: »Was soll ich denn da jetzt sagen?«

Es ist genau so ein Moment, wie ich ihn eigentlich in diesem Gesprächsformat vermeiden wollte, diesmal aber nicht durch Theologiestudierende ausgelöst, sondern durch zwei junge Leute, die durch ihr offensives Bekenntnis die anderen einschüchtern. Der Abend ist damit gelaufen. Ich habe den Eindruck, die Übrigen haben nur noch das Bedürfnis, sich vor so viel Glauben zu schützen oder sie sind verunsichert und fragen sich, ob sie selbst vielleicht tatsächlich keine richtigen Christen sind. Die Unsicherheit der übrigen Runde füllen die beiden neuen Gesprächsteilnehmer umso selbstbewusster mit ihrer Glaubenssicherheit. Sie erzählen auch davon, dass sie regelmäßig zu überkonfessionellen Heilungsgottesdiensten und zum »Power-Lobpreis« gehen. Ihre Sprache wirkt dabei jung und cool, hat aber gleichzeitig etwas Formelhaftes. Die Ansichten, die sie vertreten, und die in lockerem Ton mitgelieferte Glaubenslehre machen auf mich eher einen alten und konservativen Eindruck.

Es gibt nicht wenige, die in der jetzigen »nachkirchlichen Situation« genau auf diese Form des Christseins setzen, die dynamisch, locker und gleichzeitig überzeugt Bekenntnisse formuliert. Nach dem Ende der Volkskirche brauche es jetzt eine Gemeinschaft überzeugter Christen, die in der zunehmend nichtchristlichen Umgebung mit klaren Worten und mutigen Bekenntnissen Zeugnis ablegen, heißt es da. Auch der ein oder andere Bischof sieht darin die Zukunft der Kirche. Junge frische Klänge, die traditionelle Glaubens- und Moralvorstellungen transportieren und das Ganze auch noch ohne kritische Untertöne in Richtung kirchlicher Struktur, das hört man gerne.

Manche neuen geistlichen Gemeinschaften schlagen diesen Weg ein, gewinnen durch Lieder und Gottesdienste, die erst einmal so ganz anders erscheinen als die langweiligen altbekannten Melodien und Messen, die man aus den Kirchen gewohnt ist. Mich erinnern die beiden im Gesprächskreis an die Enthusiasten, mit denen Paulus Mitte des ersten Jahrhunderts in seiner Gemeinde in Korinth zu tun hatte. Es war eine Gruppe begeisterter Christen, die für sich die Zungenrede praktizierten: eine ekstatische Gebetsform, die für die Umgebung unverständliche Laute formulierte, von den Enthusiasten aber als »himmlische Sprache« gedeutet wurde. Sie glaubten sich so direkt mit Gott und der himmlischen Welt verbunden. Die Grundhaltung dieser Gruppe begeisterter »Superchristen« war offenbar die der spirituellen Überlegenheit gegenüber der restlichen Gemeinde, die man für zu lau oder zu verweltlicht hielt. Der Effekt war die Absonderung der anderen Gemeindemitglieder, die mit dieser Begeisterung nicht Schritt halten konnten. Paulus bestreitet nicht den Glauben der Enthusiasten, aber er kritisiert die Überheblichkeit, die andere Menschen einschüchtert und verunsichert: »Denn wer in Zungen redet, redet nicht zu den Menschen, sondern zu Gott; keiner versteht ihn: Im Geist redet er geheimnisvolle Dinge. Wer aber prophetisch redet, redet zu den Menschen: Er baut auf, ermutigt, spendet Trost. Wer in Zungen redet, erbaut sich selbst; wer aber prophetisch redet, baut die Gemeinde auf« (1 Korinther 14,2–4).

Es ist nicht das konkrete Thema der Zungenrede, das an diesem Abend im Gesprächskreis im Raum steht und mich an Paulus und seine Auseinandersetzung mit den Enthusiasten in Korinth denken lässt. Es ist eher das Phänomen eines Bekenntnisses, das andere Menschen einschüchtert und als weniger gläubig absondert. Wer sich zu diesem oder jenem nicht bekennt, gehört nicht dazu, hat nicht genug Glauben oder nicht den rechten Glauben. Paulus begegnet dieser Haltung mit der Anweisung, es müsse »zu den Menschen« geredet werden, damit die Art, wie über Gott gesprochen wird, auch wirklich aufbaut, ermutigt und tröstet.

Ob die Botschaft Jesu in nachkirchlicher Zeit tatsächlich bei den Menschen ankommt, hängt für mich davon ab, ob wirklich »zu den Menschen« geredet wird. Für Paulus entscheidet sich dieses »prophetische Reden« an zwei Dingen: an der *Haltung* derer, die sprechen, und an der *Form,* in der sie reden.

Es ist die Haltung der Überlegenheit, die bei dem Gesprächsabend die anderen Studierenden verstummen lässt und kleinmacht. Wenn die Botschaft tatsächlich in der Gegenwart Menschen erreichen soll, dann kann das nicht aus einer vermeintlich überlegenen Position geschehen, sondern nur auf Augenhöhe. Formeln und Bekenntnisse, aber auch nach außen gezeigte Begeisterung, die man erst erlernen muss, um dazuzugehören, erzeugen Distanz zu anderen Menschen. Ein Auftreten nach dem Motto: »Ich sage dir, wie dein Leben geht« spaltet Christen in »Wissende« und »Laien«. Lange genug wurde in der Kirche aus dieser Haltung heraus gesprochen, als seien einige im Besitz der Wahrheit, die anderen Menschen fehlt. Jede Unterscheidung zwischen Verkündigern und Empfängern der Botschaft, die ein Gefälle von oben nach unten oder eine Aufteilung in drinnen und draußen herstellt, widerspricht dem, was Paulus mit der prophetischen Rede »zu den Menschen« verbindet.

Neben der Haltung ist es die sprachliche Form des Bekenntnisses, die an dem Abend mit den Studierenden die Mehrheit sprachlos werden ließ. Paulus weist die »Superchristen« in seiner Gemeinde darauf hin, dass ihr Glaube zwar stark sein mag, aber dass er kraftlos wird, wenn er nicht für Menschen verstehbar übersetzt wird. Dabei geht es nicht nur um eine äußerlich ansprechende Verpackung. Es geht nicht darum, sprachlich zeitgemäß, im äußeren Auftreten cool oder lässig zu wirken. Solange in der zeitgemäßen Hülle die alten unverständlichen Formeln transportiert werden, taugt die tollste Verpackung nichts. Jemand kann noch so locker auftreten und seine Botschaft mit zeitgemäßer Musik und coolen Sprüchen versehen, wenn es am Ende doch darauf ankommt »sich zu Jesus zu bekennen« oder »zur Wahrheit«, bleibt die Botschaft leer und unverständlich.

Auch Matthäus kennt dieses Problem, das zuvor schon Paulus in seinem Brief an die Korinther beschäftigt. Der Evangelist legt seiner Gemeinde die Worte Jesu ans Herz: »Nicht jeder, der zu mir sagt: Herr! Herr! wird in das Himmelreich kommen, sondern, wer den Willen meines Vaters im Himmel tut« (Matthäus 7,21). Das noch so perfekte Bekenntnis bleibt auch in seinen Augen leeres Wortgeklingel, wenn es nicht mit Leben gefüllt ist.

Was aber macht das prophetische Reden, von dem Paulus spricht, aus? Wie künftig von Gott verstehbar reden, ohne nur die Verpackung zu wechseln? Ein Blick auf das Reden Jesu hilft mir bei der Beantwortung dieser Fragen weiter. Er zeichnete sich dadurch aus, dass er nicht Bekenntnisse formulierte, die man nachbeten musste, sondern aus dem Leben der Menschen, die er ansprach, gestaltete er Erzählungen. Dabei ist die Form der Erzählung, die er wählt, eben nicht nur Verpackung, sondern Teil seiner Botschaft. Dies habe ich erst begriffen, als ich mich intensiv mit der Form der jesuanischen Gleichnisse befasst habe.

Die Rede in Gleichnissen, wie sie uns in den Evangelien erhalten ist, war wohl die typische Art, in der Jesus predigte und das Reich Gottes ankündigte. Noch im schulischen Religionsunterricht habe ich folgende Gleichnisauslegung gelernt: Bei jedem Gleichnis gibt es eine Bildhälfte und eine Sachhälfte. Wenn also von einem König, von einem Sämann oder vom barmherzigen Vater die Rede ist, dann ist damit Gott gemeint. Der Schatz im Acker sei das Reich Gottes und das verlorene Schaf sind wir sündigen Menschen. Alles wurde zugeordnet, sodass zu jedem Begriff im Gleichnis auf der anderen Seite ein erklärender theologischer Begriff stand. Ich sehe noch heute den Kasten in meinem Religionsheft mit den zwei Spalten: Bild- und Sachhälfte. Genau diese Auslegung jedoch verkannte das eigentliche Wesen der Gleichnisse, die als Erzählung wirkten. Die immer wieder auftauchende Formulierung zum Beginn der Gleichnisse liefert im Grunde die Verstehenshilfe. Häufig heißt es dort: »Mit dem Reich Gottes ist es wie ...« und dann folgt die Erzählung. Wesentlich kommt es darauf an, was sich während des Erzählens in den Hörenden ereignet, was sie für sich entdecken, welche Wahrheiten oder Überraschungen sie beim Zuhören und Lesen persönlich erleben. Die Überraschung darüber, dass ein Geldverleiher Schulden einfach erlässt (Lukas 7,36 – 50) oder der Weinbergsbesitzer alle Tagelöhner am Ende des Tages trotz unterschiedlicher Arbeitszeit gleich entlohnt (Matthäus 20,1 – 16), das ist Reich Gottes. Es ist der Zauber der Gleichnisse und die besondere Art Jesu, wie er zu den Menschen redete, dass sie dabei nicht zu passiven Empfängern vorgeformter Wahrheiten wurden, sondern dass sich Wahrheiten beim Zuhören in den Menschen entwickeln konnten. Dabei geht es nicht um die eine Wahrheit, sondern um meine Wahrheit, die dann sichtbar wird, wenn ich zum Beteiligten in der Erzählung werde. Die Gleichnisse waren nicht Verpackung theologischer Wahrheiten in einfache Sprache und alltägliche Bilder, damit es das »unwissende Volk« versteht, sondern das Ereignis des Erzählens, Hörens und Entdeckens gehört wesentlich zur Botschaft dazu.

Der Unterschied zwischen der Gleichnisauslegung, wie ich sie in der Schule gelernt habe, und der ursprünglichen Art, wie Jesus die Gleichnisse verwendete, wurde mir nicht zuletzt durch ein Gedicht von Rainer Maria Rilke bewusst:

Ich fürchte mich so vor der Menschen Wort.
Sie sprechen alles so deutlich aus:
Und dieses heißt Hund und jenes heißt Haus,
und hier ist Beginn und das Ende ist dort.

Mich bangt auch ihr Sinn, ihr Spiel mit dem Spott,
sie wissen alles, was wird und war;
kein Berg ist ihnen mehr wunderbar;
ihr Garten und Gut grenzt grade an Gott.

Ich will immer warnen und wehren: Bleibt fern.
Die Dinge singen hör ich so gern.
Ihr rührt sie an: sie sind starr und stumm.
Ihr bringt mir alle die Dinge um.

Die Gleichniserzählung Jesu verzichtet gerade auf eindeutige Zuweisungen, auf formale Bekenntnisse, *wer* Gott genau ist oder *wie* er ist. Die Erzählung lebt von der Beteiligung. Sie behält ihre Unbestimmtheit. Das macht ihren Zauber aus und das ist es, was sie dem menschlichen Leben so ähnlich macht und so nahebringt. Bekenntnisse und Formeln trösten nicht, werden sie auch mit noch so großem Enthusiasmus verkündet. Erzählungen bewegen, rühren an, regen auf oder können trösten. Zerlegt man sie in Bild- und Sachhälften, zerrinnt einem ihre Wahrheit zwischen den Fingern.

Ich fürchte mich vor einer künftigen Kirche, die alles so deutlich ausspricht und damit die »Dinge umbringt«, wie es Rilke formuliert. Ich fürchte mich vor einer künftigen Kirche, die nach dem Bruch und dem Weggang vieler ihrer bisherigen Mitglieder auf ein reines Bekenntnischristentum in vermeintlich fröhlichen Liedern und in ansprechendem Layout setzt. Ich fürchte eine Kirche, die meint, jetzt komme es darauf an, mutig und laut vor der zunehmend nichtkirchlichen Gesellschaft enthusiastische Glaubenszeugnisse hinauszuposaunen.

Ich setze auf die Möglichkeit, dass die Christen wieder zu der Art zurückfinden, in der Jesus zu den Menschen redete. Ich setze darauf, dass es einen Weg zurück über die Kriterien gibt, die Paulus den Korinthern ans Herz legte. Welche sprachlichen Formen, welche Art des Auftretens braucht es, damit wirklich »zu den Menschen« geredet wird, damit Kirche wirklich wieder tröstet, ermutigt und aufbaut?

Während meines Studiums besuchte ich einen Predigtkurs bei Rolf Zerfaß, einem der angesehendsten Pastoraltheologen und Predigtausbilder der damaligen Zeit. Jede Teilnehmerin und jeder Teilnehmer des Kurses musste eine Predigt zu einem Bibeltext vorbereiten, diese erst im Seminar vorstellen und dann auch in einem Gemeindegottesdienst halten. Danach wurde die Predigt mit Gemeindemitgliedern besprochen. Ich erinnere mich an einen Mitstudenten, der bei der Vorstellung sei-

ner Predigt im Seminar mehrfach den Begriff »Gnade«
in seiner Ansprache verwendet. Es war eines der wenigen Male, die ich erlebte, dass der Professor einen Prediger unmittelbar beim Reden unterbrach. Er sagte: »Sie
sagen dauernd ›Gnade‹. Was ist denn das? Wo erleben
Sie das persönlich in Ihrem Leben?« Der Student über-
legte und erzählte dann ein Beispiel. Darauf erwiderte
unser Lehrer: »So, jetzt erzählen Sie den Leuten in der
Predigt das, was Sie uns gerade erzählt haben aus Ihrem
Leben und lassen Sie die Formel von der Gnade weg. Kein
Mensch wird das vermissen und alle werden verstehen,
wovon Sie reden, weil Sie es erzählt haben und nicht nur
behaupten!« Ich denke oft an diese Worte in der Pre-
digtausbildung und habe schon oft theologische Begriffe
aus meinen eigenen Predigten wieder herausgestrichen,
wenn ich an unseren Lehrer zurückdachte.

Ich setze auf die Möglichkeit des erzählenden Ver-
kündigens, das Menschen dazu ermutigt, selbst zu erzählen und den Wahrheiten ihrer Geschichten zu trau-
en. Ich setze darauf, dass es möglich ist, was Paulus
verlangt: die Botschaft Jesu wirklich verstehbar in die
Sprache unserer Zeit zu übersetzen und dabei nicht nur
die Verpackung zu ändern. Ich setze darauf, dass sich
der Zauber und damit die Kraft der Botschaft Jesu wieder im Erzählen entfalten kann, wenn sich das Erzählte
tatsächlich mit dem Leben heutiger Menschen und mit
ihren Geschichten verbindet.

Derselbe Rolf Zerfaß, von dem ich das Predigen gelernt habe, lehrte mich auch, dass sich eine Kirche der
Zukunft nicht nur in ihren Predigten mit dem Leben der

Menschen verbinden muss. Sie muss sich in ihrer ganzen Art des Auftretens bis hinein in die Strukturen ihrer Einrichtungen wie Schulen, Kindergärten und Krankenhäuser endlich zu den Menschen hin bekehren und deren vielschichtigen Lebensgeschichten achten, anstatt ihnen übergestülpte Bekenntnisse abzuverlangen. 1992 veröffentlichte Zerfaß ein Buch mit dem Titel »Lebensnerv Caritas. Helfer brauchen Rückhalt«. Darin geht er unter anderem der Frage nach, woran man die Christlichkeit einer kirchlichen Einrichtung erkennt. Was macht ein Krankenhaus zu einem christlichen Krankenhaus? Das Kreuz an der Fassade? Der Taufschein der Mitarbeiterinnen und Mitarbeiter? Sein zentraler Gedanke: Nicht das christliche Bekenntnis oder die »Kirchlichkeit« der Mitarbeiterinnen und Mitarbeiter entscheiden darüber, ob einer kirchlichen Einrichtung anzumerken ist, dass sie christlich ist. Es ist die Art, wie die Kirche als Träger der Einrichtung mit ihren Mitarbeiterinnen und Mitarbeitern umgeht, die zuerst erkennen lässt, ob eine Institution mit dem Kreuz an der Wand tatsächlich von einem jesuanischen Geist geprägt ist.

Immer wieder melden sich Studierende bei mir, die Lehrerin oder Lehrer werden wollen und Katholische Religionslehre als Unterrichtsfach gewählt haben. Um tatsächlich unterrichten zu können, brauchen sie eine eigene kirchliche Lehrerlaubnis, die sogenannte Missio. Auf der Suche nach Empfehlungsschreiben, die für die Erteilung der Missio notwendig sind, landen die Studierenden häufig in der Hochschulgemeinde. In den Gesprächen, die ich vor der Erstellung der Empfehlungsschreiben mit ihnen führe, erlebe ich mit denen, die weder die Hochschulgemeinde noch mich vorher kannten, immer wieder folgende Situation: Um ihre Kirchlichkeit unter Beweis zu stellen, zählen sie mir auf, dass sie mal Ministrant oder Ministrantin waren, regelmäßig den Gottesdienst besuchten oder sogar eine Tante hätten, die Ordensfrau ist. Manche, die etwas mehr Vertrauen zu mir fassen, fragen mich, ob es stimme, dass sie nicht unverheiratet mit ihrem Partner oder ihrer Partnerin zusammenleben dürften, wenn sie die kirchliche Lehrerlaubnis bekommen wollen. Ein äußerlich den herkömmlichen Moralvorstellungen der Kirche entsprechender Lebenswandel und ein formal konformes Bekenntnis entschieden über lange Zeit hinweg tatsächlich darüber, ob man in der Kirche arbeiten durfte oder nicht. Dieser Geist bestimmt immer noch und an mancher Stelle sogar wieder verstärkt das Handeln kirchlicher Arbeitgeber. Wer geschieden ist und wieder geheiratet hat, wer homosexuell oder einmal aus der Kirche ausgetreten ist, kann fachlich noch so gut sein, in den Augen der Kirche als Arbeitgeberin gilt ein Mensch mit einer solchen Lebensgeschichte immer noch als weniger geeignet.

Eine Kirche, die in der Folge der Aufdeckung des Missbrauchs zu Recht wegen ihrer Doppelmoral ihre Glaubwürdigkeit verloren hat, braucht einen echten Sinneswandel im Umgang mit Menschen, die in ihr leben und arbeiten. Sie muss künftig in ihren Einrichtungen neue Wege gehen, um als »christlich« erkannt zu werden. Ich stelle mir vor: Das Label »kirchlich« wirkt nicht mehr abschreckend. Die Kirchlichkeit kirchlicher Schulen und Kindergärten wird man nicht mehr daran erkennen, ob der kirchliche Arbeitgeber detektivisch im Privatleben von Menschen herumstochert, um vermeintliche Mängel aufzuspüren. Die Kirchlichkeit wird man daran erkennen, dass dort mit Mitarbeitenden so umgegangen wird, wie Jesus Menschen begegnet ist – mit Respekt vor den vielschichtigen Lebenswegen. In seinem zweiten Brief an die Korinther versichert Paulus seinen Mitarbeiterinnen und Mitarbeitern in der Gemeinde: »Wir sind nicht Herren über euren Glauben, sondern wir sind Mitarbeiter eurer Freude« (2 Korinther 1,24). Was für eine Zusage eines kirchlichen Arbeitgebers an seine Mitarbeitenden!

Es gibt Gott sei Dank schon jetzt Orte, die diese Vision einer künftigen Kirche praktizieren. Kirchliche Einrichtungen wird man in einer »umgekehrten« Kirche daran erkennen, dass sie ihren Mitarbeiterinnen und Mitarbeitern besonders viel Vertrauen und Verständnis entgegenbringen. Wer einmal aus der Kirche ausgetreten ist, weil er kränkende Erfahrungen mit ihren Repräsentanten gemacht hat, muss nicht erst wieder eintreten, um eine kirchliche Anstellung zu bekommen. Wenn jemand fachlich gut ist und auch vor dem Hintergrund eines persönlichen Bruchs mit der Institution wieder in der Kirche arbeiten will, ist das ein Grund zur Freude und wird nicht Anlass zur erneuten Ausgrenzung sein. Niemand muss sich mit seiner Lebensgeschichte verstecken. Die Kirche der Zukunft wird eine Kirche ohne Doppelmoral sein.

Ich setze auf diese künftige Kirche nicht der »Super-christen« oder der kirchlichen »Siegertypen«, die perfekt und nach außen hin begeistert angelernte Formeln wiederholen, sondern auf eine Kirche von Menschen, die um die Unbestimmtheit des Lebens wissen, darin gemeinsam nach den Spuren Gottes suchen und die dabei alle Unschärfe anerkennt. Ich setze auf eine Kirche, die nicht so viel vorschreibt, deutet und erklärt, sondern Menschen zutraut, dass sie selbst ihre Wahrheiten entdecken.

In der jüdischen Tradition gibt es eine Vorgabe für die Feier des Pessachfestes, an dem man sich an den Auszug des Volkes Israel aus Ägypten erinnert. Für diese Erinnerung sei entscheidend, dass jeder die alten Erzählungen vom Auszug aus Ägypten und von der Befreiung durch Gott so weitererzählt und so hört, als sei er selbst dabei gewesen. Die biblische Befreiungsbotschaft und die Predigt Jesu von jetzt an so hören, reden und leben, dass die Menschen um uns herum denken, wir seien selbst dabei gewesen. Darauf wird es mehr ankommen als auf das perfekt nachgesprochene Bekenntnis.

Wahrhaftig leben
statt Wahrheit besitzen

»Du lebst ja auch auf einer Insel der Seligen!« Manchmal höre ich diesen Satz, wenn ich von meiner Arbeit in der Katholischen Hochschulgemeinde erzähle. Mit einem neidvollen Unterton äußern ihn bisweilen Freundinnen oder Freunde, die in anderen, traditionell geprägten kirchlichen Bereichen tätig sind. Meistens schließt sich dann ein Satz an wie: »In meiner Gemeinde wäre das alles nicht möglich.« Dann erzählen sie von volkskirchlichen Strukturen, die sie einengen, oder davon, dass ohnehin nur alte Leute zu ihren Angeboten kämen oder dass ihr Pfarrer gar nicht erlauben würde, was sie eigentlich gerne mal ausprobieren würden. Früher haben wir sogar im Team der Hochschulgemeinde dieses »Inselsein« betont und damit ausgedrückt, dass wir ja ganz anders sind als die »offizielle Kirche« – offener, liberaler und nicht so verknöchert. Andere bezeichnen unser Arbeitsfeld als »Spielwiese«, auf der so manches geduldet werde, was sonst nicht möglich sei. Zwischen den Zeilen oder direkt ausgesprochen wird dabei immer mittransportiert, dass die Art, wie wir in der Hochschulgemeinde Christsein leben, zu politisch, vielleicht sogar zu links, zu wenig religiös oder gar nicht richtig katholisch sei.

Irgendwann habe ich für mich erkannt, dass mir das Bild von der Insel zwar sympathisch ist, dass es aber falsche Signale aussendet. Gleiches gilt für die »Spielwiese«. Diese Bilder erwecken den Eindruck, als gebe es so etwas wie die »eigentliche« Kirche, von der sich alles andere ableite oder zu der man sich in einer nahen Beziehung oder eben inselweit entfernt bewege. Das Bild von der »Spielwiese« unterstellt eine »erwachsene« Kirche – vermutlich im Vatikan – und in deren Erziehungsbereich auch noch einige etwas wilde ungezogene Kinder.

Inzwischen kontere ich auf das Inselbild gerne mit der Antwort: »Inseln sind schön, aber wir bewegen uns in der Hochschulgemeinde auf dem Festland, wir sind Vollkirche.« Ich arbeite auch nicht auf einer »Spielwiese«, sondern wir sind genauso Kirche wie die Kardinäle in Rom und wir suchen genauso nach dem Weg, unser Christsein heute zu leben, wie der Papst. Keiner hat mehr oder weniger Einsicht in den Willen Gottes. Alle sind wir Suchende, mit unterschiedlichen Positionen oder Ämtern, mit verschieden verteilter Verantwortung, aber alle sind wir gleichermaßen mit unseren Erfahrungen unterwegs, ahnend, aber ohne tatsächliches Wissen über Gott.

Spätestens an dieser Stelle regt sich der Widerstand derer, die für das kirchliche Lehramt die besondere Vollmacht in der Auslegung des Glaubens beanspruchen. Ein Kollege erzählte mir, er musste einen Referenten, den er zu einer Lesung in die Hochschulgemeinde eingeladen hatte, wieder ausladen, nachdem der Bischof über die diözesanen Medien von der Veranstaltung erfahren hatte. Die Begründung des Bischofs in einem Telefonat: »Den können Sie nicht einladen. Der lebt gegen den Willen Gottes.« Was veranlasste den Bischof zu dieser Aussage? Der eingeladene Autor zahlreicher spiritueller Bücher ist schwul. Bischöfe, die beanspruchen, den Willen Gottes zu kennen, sind Auslaufmodelle, so hoffe ich.

Umkehr und Umdenken in der Kirche ist überfällig. Denn wer die Glaubwürdigkeit im Handeln verloren hat, so wie es durch die Aufdeckung des Missbrauchs in der Kirche passiert ist, dem spricht man auch das Recht ab, den Willen Gottes zu kennen oder die Wahrheit zu besitzen. Wer die Wahrhaftigkeit verliert, dem glaubt man auch nicht mehr die Wahrheiten, die er verkündet, dem nimmt man nicht mehr ab, was er predigt und schon gar nicht, dass er die Wahrheit verwaltet.

Der Bruch, in dem sich die Kirche augenblicklich befindet, verlangt auch in dieser Hinsicht einen Neuanfang, ein Umdenken. Eine »umgekehrte« Kirche ist nicht nur bescheidener im äußeren Auftreten. Sie ist auch demütiger in ihrem Anspruch, die Wahrheit zu kennen. Eigene Moralvorstellungen, seien sie noch so verankert in der kirchlichen Tradition, mit dem Willen Gottes gleichzusetzen, ist nicht mehr möglich. Eine Kirche der Umkehr hält es aus, dass es nicht die eine Wahrheit gibt, in deren Besitz sie ist, sondern dass man nur über die Wahrhaftigkeit im Handeln gemeinsam dem näherkommen kann, was Wahrheit bedeutet. Eine umgekehrte Kirche erkennt endlich an, dass Gott viel größer ist als das, was über ihn in der katholischen Kirche, in der christlichen oder überhaupt in irgendeiner Religion gesagt wird. Sie erkennt an, dass es nicht die eine allgemeingültige Wahrheit gibt, die man amtlich definieren kann. Eher gibt es nebeneinander gelebte Wahrheiten, die zu entdecken sind.

Vor mehr als 50 Jahren hatte sich die Katholische Kirche bereits einmal mit diesem Gedanken auf den Weg gemacht. Auf dem Zweiten Vatikanischen Konzil verabschiedete die Bischofsversammlung das Dokument »Nostra aetate« (»In unserer Zeit«). Es widmete sich der Frage der Haltung der Kirche zu den nichtchristlichen Religionen. Bis dahin galt noch der Grundsatz »extra ecclesiam nulla salus« (»außerhalb der Kirche kein Heil«). In dem heute noch lesenswerten Konzilspapier wird dieser alte Anspruch, die römisch-katholische Kirche sei im Alleinbesitz der Wahrheit, fallengelassen. Auch in anderen Religionen gebe es Wahrheiten, stellte das Konzil fest. Vielleicht ging dieser Konzilsbeschluss für die damalige Zeit am mutigsten über das hinaus, was bisher in der Kirche gedacht und gesagt worden war. Kein Wunder, dass das Dokument bereits in seiner Entstehung heftig umstritten war. Bis auf den heutigen Tag ist es so manchen Kirchenmitgliedern ein Dorn im Auge, die dem Anspruch einer alleinseligmachenden Kirche nachhängen. »Nostra aetate« müsste nicht nur wieder neu in Erinnerung gebracht werden, sondern es muss noch mutiger fortgeschrieben werden. Das frühere abgrenzende »außerhalb der Kirche kein Heil« gilt es endgültig hinter sich zu lassen und voller positiver Neugier eine Entdeckungsreise anzutreten zu den vielen Orten jenseits kirchlicher Grenzen, an denen Menschen Wahrheiten leben und für sich selbst heilvolle Erfahrungen machen.

»Was ist Wahrheit?« (Johannes 18,38). Die Frage, die Pilatus im Verhör an Jesus richtet, ist die Frage der Gemeinde des Johannes, die sich damals in einem Umfeld bewegte, das man als pluralistisch bezeichnen könnte. Es war ähnlich vielfältig wie heute, mit verschiedenen religiösen und philosophischen Sinnangeboten. Johannes bereitet in seinem gesamten Evangelium die Frage des Pilatus vor. Für heutige Leserinnen und Leser manchmal ziemlich unverständlich philosophiert er über die Wahrheitsfrage und lässt Jesus Sätze sagen wie: »Ich bin der Weg, die Wahrheit und das Leben« (Johannes 14,6) oder »Wenn ihr in meinem Wort bleibt, seid ihr wahrhaft meine Jünger. Dann werdet ihr die Wahrheit erkennen und die Wahrheit wird euch befreien« (Johannes 8,31– 32). Der Evangelist bringt schon an diesen Stellen zum Aufscheinen, was für ihn Wahrheit ist: Orientierung am Reden und Handeln Jesu. Es ist keine Lehre, sondern eine bestimmte Weise zu leben. Vor Pilatus schließlich wird deutlich, worum es geht: Wahrheit zu leben bedeutet in letzter Konsequenz, jeden Machtanspruch aufzugeben, Liebe zu praktizieren und sogar bereit zu sein, dafür zu leiden und zu sterben. Pilatus, der befürchtet, Jesus sei ein politischer Rebell, steht einem Angeklagten gegenüber, der vor der Frage nach der Wahrheit von einem Königtum redet, das »nicht von dieser Welt« (18,36) ist. Bei Johannes wird schließlich die Frage des Pilatus von Jesus nicht mehr mit Worten beantwortet, sondern mit seinem Leiden. Pilatus fragt: »Was ist Wahrheit?«, verlässt daraufhin den Raum und lässt Jesus bei seiner Rückkehr geißeln.

Die Wahrheit ist ein Mensch, der liebt, über die Grenzen des Vorstellbaren hinaus. Das ist die Antwort auf die Frage des Pilatus. Sie wird nicht mit Begriffen definiert, sondern erlebt. Alles Schwarz-Weiß-Denken oder Einteilen in Richtig und Falsch wird hier beiseitegelassen. Darum geht es nicht bei der Frage nach der Wahrheit. In den sogenannten Abschiedsreden findet sich zuvor im Johannesevangelium die Deutung zu dem, was später in der Passion erzählt wird. Der Evangelist verbindet mit der Abendmahlsszene die Fußwaschung. Darin wird sichtbar und begreifbar, wie weit die Liebe Jesu geht. Mit einer Frage Jesu an seine Jünger im Anschluss an die Fußwaschung sendet der Evangelist die Christen seiner Gemeinde auf den Weg der Nachfolge: »Begreift ihr, was ich an euch getan habe?« (Johannes 13,12). Darum geht es für Johannes im Christsein: Die Liebe Jesu zu begreifen und weiterzulieben. Grund genug für Teile der frühen Kirche, die Fußwaschung wie ein Sakrament zu zelebrieren. Der Mailänder Bischof Ambrosius (339–397) verband sie als Sakrament mit der Tauffeier. Es gibt kein Christstein, ohne die Liebe Jesu weiterzuleben. Daran entscheidet sich für Johannes alles.

Wahrheit ist nicht irgendeine abgehobene Lehre, sie besteht nicht aus unabänderlichen Sätzen, die man wie in einem Paket verpackt, besitzt und durch die Zeiten transportiert. Wahrheit ist gelebte Liebe Jesu. Johannes 13,35 bringt es auf den Punkt: »Daran werden alle erkennen, dass ihr meine Jünger seid: wenn ihr einander liebt.«

Der Autor des ersten Johannesbriefs präzisiert: »Meine Kinder, wir wollen nicht mit Wort und Zunge lieben, sondern in Tat und Wahrheit« (1 Johannes 3,18). Die Wahrheit in einer »umgekehrten« Kirche ist nicht die Verteidigung der »reinen Lehre« (*Orthodoxie*), sondern das wahrhaftige Leben und rechte Handeln (*Orthopraxie*). Denn Jesu Wahrheit ist pragmatisch und kontextuell, seine Wahrheit ist, auf den Punkt gebracht, das Eintreten für mehr Humanität. Dies geschieht durch Taten und als Antwort auf ganz konkrete Lebenssituationen.

Es gibt keine kirchliche Wahrheit jenseits der Mitmenschlichkeit. Gelebte Mitmenschlichkeit ist gelebte Wahrheit. Sie wird nicht behauptet, sondern praktiziert. Man erkennt sie an ihrer Wirkung.

Die Frage nach der Wahrheit konkretisiert sich in einer Kirche, die wirklich bereit ist umzukehren und neu zu denken, letztlich in der alles bestimmenden Frage: Wie finden wir zu noch mehr Mitmenschlichkeit nach dem Vorbild Jesu? Damit wird Kirche kein »reiner Sozialverein«, wie von Kritikern einer solchen Position immer wieder unterstellt wird. Vielmehr verbindet sich damit die Anerkennung der Ansicht Jesu, dass »das Soziale«, die Mitmenschlichkeit, eben nichts Flaches, rein Weltliches ist, sondern der Ort, an dem sich Gott mit seinem Reich offenbart.

Bei der Wahrheitsfindung geht es von nun an um das Aufspüren von Möglichkeiten, noch konsequenter und wahrhaftiger zu lieben. Auch an dieser Stelle wird wieder deutlich: Die Zugehörigkeit zu einer Kirche in der Nachfolge Jesu definiert sich nicht länger allein über die Mitgliedschaft, sondern über das Leben. In der Auseinandersetzung mit seiner eigenen Sippe formuliert Jesus im Markusevangelium eine neue Definition von Zugehörigkeit, die durchaus auf die Kirche übertragbar ist: »Da kamen seine Mutter und seine Brüder; sie blieben draußen stehen und ließen ihn herausrufen. Es saßen viele Leute um ihn herum und man sagte zu ihm: Siehe, deine Mutter und deine Brüder stehen draußen und suchen dich. Er erwiderte: Wer ist meine Mutter und wer sind meine Brüder? Und er blickte auf die Menschen, die im Kreis um ihn herumsaßen, und sagte: Das hier sind meine Mutter und meine Brüder. Wer den Willen Gottes tut, der ist für mich Bruder und Schwester und Mutter« (Markus 3,31–35).

Übertragen auf die kirchliche Situation kann das bedeuten: Es gibt diese Kirche auch außerhalb der verfassten katholischen Kirche, in anderen Religionen oder auch ohne Religion. Überall dort, wo Mitmenschlichkeit im Sinne Jesu konsequent, grenzenlos gelebt wird, »passiert« Kirche Jesu. Die Zugehörigkeit zu ihm entscheidet sich am Maß gelebter Humanität. Matthäus formuliert den Maßstab so: »Was ihr für einen meiner geringsten Brüder getan habt, das habt ihr mir getan« (Matthäus 25,40).

»Wahrheit« findet sich also dort, wo wahrhaftig die Liebe Jesu zu den Menschen gelebt wird. Da ist Kirche, ganz gleich, ob im Vatikan oder in einer Hochschulgemeinde. Wer Mitmenschlichkeit praktiziert, ist Vollkirche. Wer im wörtlichen Sinn dabei über Grenzen geht, in der Rettung von Menschen aus dem Mittelmeer oder im Einsatz für Notleidende in Kriegs- und Krisengebieten, ist Kirche Jesu. Zugehörigkeit zur Kirche erkennt und entdeckt man fortan an den Taten und nicht am Mitgliedsregister.

In diesem Sinn nehme ich gerade eine sehr junge, wachsende Kirche wahr. Denn ich erlebe viele junge Menschen, die sich für mehr Humanität einsetzen, die bei Rettungsaktionen mit der Organisation Seawatch in der Seenotrettung nicht nur an ihre körperlichen Grenzen gehen, sondern im Eintreten für mehr Humanität mitunter auch gegen inhumane gesetzliche Bestimmungen verstoßen. Ich begegne jungen Menschen, die sich für einen persönlichen Lebensstil entschieden haben, der sich dem Konsum und der ungehemmten Ausbeutung von Menschen und der Natur entgegenstellt. Sie gehen »containern«, sammeln also Lebensmittel, die von Supermärkten in Containern entsorgt werden, weil sie nicht mehr verkauft werden können, die aber noch verwertbar sind. Sie betreiben »foodsharing« und bringen Lebensmittel, die sie selbst nicht mehr brauchen, zu Sammelpunkten, an denen sie andere Menschen abholen können oder sie verwerten selbst Lebensmittel, die vor dem Wegwerfen gerettet wurden. Sie boykottieren bewusst den Kauf von Kleidung, die unter ungerechten und ausbeuterischen Bedingungen produziert wird. Für die Bewahrung der Schöpfung verzichten sie auf Flugreisen, auf das eigene Auto oder auf Obst und Fleisch, das über tausende Kilometer hinweg auf unsere Tische transportiert wird. All dies tun sie nicht, weil es ihnen jemand vorschreibt, sondern aus eigenem Antrieb. Im Grunde füllen sie mit ihrem Lebensstil Werte und Wahrheiten, die wir in unserer christlichen Tradition eigentlich mit uns tragen. Oft genug tun sie das überzeugender als dies innerhalb kirchlicher Grenzen geschieht. Und die meisten von ihnen würden sich selbst dabei nicht als kirchlich bezeichnen. Das liegt aber nicht an ihnen, sondern an der eng gefassten traditionellen Definition von dem, was Kirche angeblich ist. Es mag beschämen oder vielleicht doch eher neugierig machen, dass freiwilliger Konsumverzicht, ein uralter christlicher Gedanke, von vielen Menschen jenseits der Kartei der Kirchenmitglieder glaubwürdiger und wirksamer gelebt wird als in so manchen kirchlichen Fastenaktionen. Es ist nicht nur eine Tatsache, dass es *überhaupt* Wahrheit außerhalb der Kirche gibt. Es ist eine Entdeckung wert, dass es dort manchmal sogar *mehr* Wahrheit gibt und dass ich dort Menschen begegne, von denen ich alte christliche Werte neu lernen kann.

Seit einigen Jahren fasziniert mich eine Bewegung, die in meinem Umfeld vor allem von vielen Medizinstudierenden getragen wird. Im »Medinetz« engagieren sie sich ehrenamtlich für Menschen, die sich aus unterschiedlichen Gründen ohne Papiere in Deutschland aufhalten und deshalb auch nicht krankenversichert sind. Die Mitglieder im »Medinetz« sorgen dafür, dass diese im Krankheitsfall Zugang zu medizinischer Versorgung erhalten. Ich kenne etliche Ärztinnen und Ärzte, die dafür auf ihr übliches Honorar verzichten. Wenn ich den

Studierenden begegne, die damit auch ein politisches Anliegen verbinden, dass nämlich jeder Mensch ein Recht auf Gesundheit hat, dann denke ich an das Handeln Jesu. Seine Begegnung mit Kranken und die Heilungserzählungen, die spätere Evangelisten daraus formten, transportieren genau diese Botschaft. Jede Heilungsgeschichte ist auch eine Kritik an einer Gesellschaft, die Menschen ausschließt. Und diese Ausgrenzung aus der Gesellschaft wird besonders dort sichtbar, wo es um Gesundheit und Krankheit geht. Heilung bedeutet in den Evangelien eben auch, dass Jesus Menschen wieder dazu verhilft, Zugang zum gesellschaftlichen Leben zu erhalten. Ich lerne von jenen im »Medinetz«, dass der Zugang zur Gesundheit immer auch mit politischen Entscheidungen verbunden ist. Nur wer Menschen für »illegal« erklärt, verwehrt ihnen damit den Zugang zur Gesundheit. Wer sich dieser Einteilung in legale und illegale Personen verwehrt, macht es sich zum Anliegen, dass alle das gleiche Recht auf medizinische Versorgung haben. Ich entdecke so die aktuelle Sprengkraft der alten christlichen Heilungsgeschichten für mich neu – und das über die Begegnung mit Menschen einer nichtkirchlichen Organisation.

Diese Erfahrungen machen für mich deutlich: Es braucht ein radikales Umdenken, eine tatsächlich »umgekehrte« Kirche. Das bisherige Kirchenverständnis, das den Anspruch behauptete, die Kirche besitze eine Wahrheit, die den Menschen fehlt, gilt es umzukehren. Es braucht die kirchliche Einsicht: Uns ist auf weiten Strecken die Wahrheit abhandengekommen, weil uns die Wahrhaftigkeit verloren gegangen ist. Machen wir uns auf die Suche nach solchen, die christliche Werte in und außerhalb der Kirche wirklich glaubhaft leben. Lernen wir von ihnen Wahrheiten. Fangen wir an, wirklich zuzuhören. Eine neue, Wahrheit suchende und lernende Kirche findet selbst erst die Wahrheit, indem sie mit ehrlichem Interesse, mit aufrichtigem Mitgefühl und mit wacher Neugier wahrnimmt, was Menschen wirklich brauchen, was sie bedrückt, worunter sie leiden und was sie sich erhoffen. Darauf zu antworten durch gelebte wahrhaftige Liebe, heißt Kirche zu werden. Kompass auf diesem Weg könnte die Frage Jesu sein, die er dem blinden Mann vor den Toren Jerichos stellt. Als man den Mann zu ihm kommen lässt, fragt Jesus ihn: »Was willst du, dass ich dir tue?« (Lukas 18,41).

Wahrheit wird künftig nicht mehr behauptet, sondern sie wird erfragt und sie wird dort gelebt, wo wahrhaftig geliebt wird. Und wahrhaftig geliebt wird dort, wo Menschen in ihrer Not oder Bedürftigkeit wirklich gesehen werden. Ein vollkommen neues Kirchenverständnis, das sich von jedem Drinnen-Draußen- und Richtig-Falsch-Denken löst. Die Kongregation für die Glaubenslehre, die viele Jahre von dem damaligen Kardinal Ratzinger geleitet wurde, würde ihren Sitz aus Rom wegverlegen und vielleicht auf Lampedusa ihr neues Quartier aufschlagen, äußerlich und vermutlich in ihrem Anspruch auch wesentlich bescheidener als in der »ewigen Stadt«. Lampedusa war übrigens das erste Reiseziel des 2013 neu gewählten Papstes Franziskus – der Ort, an dem über lange Zeit so viele Menschen auf der Flucht strandeten und vor dessen Küste so viele ertranken. Es wäre selbstverständlich, dass sich die Glaubenskongregation mit der Bitte an Menschenrechts- oder Umweltorganisationen wenden würde, um von ihnen lernen zu dürfen. Sie würde Niederlassungen in Armenvierteln weltweit oder an sozialen Brennpunkten hierzulande eröffnen, um zuerst wieder zu lernen und zu hören, was Menschen wirklich brauchen.

Eine solche »Glaubens-Behörde«, die in der Vergangenheit bis auf den heutigen Tag von vielen eher als Überwachungsinstitution für die Einhaltung der wahren Lehre verstanden und wahrgenommen wurde, würde künftig nach Orten suchen, an denen die Liebe Jesu wahrhaftig gelebt wird und diese als Lern-Orte der Wahrheit bekannt machen. Aber vielleicht braucht es gar keine Behörde dafür.

Einer, der immer wieder in Konflikt mit der alten Glaubenskongregation geriet, war der brasilianische Befreiungstheologe und Franziskaner Leonardo Boff. Er kritisierte zu Beginn der 90er-Jahre des letzten Jahrhunderts die hierarchische Verhärtung der Kirche und sah die Gefahr einer Zementierung »zeitloser Wahrheiten«. Im Kontrast dazu trat er für die entschiedene Parteinahme für die Armen ein. Der Ort der Kirche war für ihn an der Seite der Menschen, die arm gemacht, um ihre Rechte betrogen oder in ihrer Würde verletzt wurden. Eines seiner Bücher trug den hintersinnigen Titel »Gott kommt früher als der Missionar«. Der Buchtitel hat mich damals schon sehr beeindruckt. Er propagierte eine Kirche, die nicht mit einem Wahrheitspaket zu den Menschen kommt und diese sozusagen wie leere Gefäße mit der Wahrheit »befüllt«, sondern die sich auf die Suche nach Gott macht, der bei den leidenden und unterdrückten Menschen zu finden ist. Indem sie sich entschieden für deren Befreiung einsetzt, findet sie Gott, der nicht erst gebracht werden muss, sondern schon längst vorher da ist, und wird dadurch zur Kirche.

Beinahe kommt es mir so vor: Eine Neuorientierung an der Reich-Gottes-Botschaft und an der praktizierten Liebe Jesu verlangt nicht weniger als den bisher vertretenen Wahrheitsbegriff der Kirche umzukehren, auf den Kopf oder besser auf die Füße zu stellen und sich auf den Weg zu machen, als Christen wahrhaftig zu leben statt Wahrheit zu besitzen.

Weil es um mehr geht als die Kirche

»Wir sind Katholiken. Wenn jemand eine andere Kirche will, ist er frei sie zu machen, aber ...«

Der Satz des Papstes blieb unvollendet. Er mündete in ein Grinsen. In diesem Augenblick war nicht ganz klar, ob er seine längere Rede einfach irgendwie beenden wollte und sich dabei wie aus Verlegenheit in einen missglückten Witz flüchtete. Oder war diese Äußerung tatsächlich als das gedacht, als was sie manche interpretieren: eine verbale Ohrfeige in Richtung der Frau, deren Statement ihn zuvor auf ein Terrain geführt hatte, das er nicht betreten wollte?

Anlass für die irritierende Schlussbemerkung des Papstes ist eine Wortmeldung der Generaloberin der Oberzeller Franziskanerinnen Sr. Katharina Ganz. Eigentlich sollen an diesem Tag im Mai 2019 zum Abschluss des Treffens der Internationalen Vereinigung der Generaloberinnen der Frauenorden der katholischen Kirche nur Fragen gestellt werden. Relativ unvorbereitet trifft die angesetzte Fragerunde die Ordensoberinnen. Sie rechneten im Rahmen der Audienz nicht mehr mit der Möglichkeit zu einem Gespräch. Alles in der päpstlichen Audienzhalle wirkt auf einmal ein bisschen improvisiert. Und dann baut der Papst erst einmal noch das übliche Szenario der Audienzen um. Für gewöhnlich nimmt der Pontifex auf einem gepolsterten Sessel in der Mitte der Bühne Platz. Neben ihm sitzt dann sein Sekretär, der deutsche Erzbischof Gänswein, der bereits Benedikt XVI. in gleicher Funktion diente. Diesmal bestimmt Franziskus eine andere Anordnung. Der Sekretär, der kaum eine Gelegenheit auslässt, öffentlich dem Pontifikat des deutschen Papstes nachzutrauern, wird auf die Seite gerückt. In der Mitte steht jetzt ein Tisch. An diesem Tisch sitzen nebeneinander auf gleicher Ebene die Präsidentin der Konferenz und der Papst. Franziskus lässt den gepolsterten Sessel, der für ihn vorgesehen ist, extra wegtragen, um auf dem gleichen Stuhl zu sitzen wie die Ordensfrau an seiner Seite. Fünf Fragen sind vorgesehen. Sr. Katharina nutzt spontan die Chance, meldet sich und wird zur ersten der fünf Fragestellerinnen bestimmt. Auch ihre Äußerung wirkt improvisiert, als sie zu reden beginnt: »*Bruder Franziskus, ich bin Franziskanerin wie Sie, und ich stehe hier mit 850 Generaloberinnen, und wir verkörpern so viele Schwestern, die in allen Diensten sind in der Kirche. Ich spreche für viele Frauen, die sich danach sehnen, gleichberechtigt dem Volk Gottes zu dienen. Und wir wünschen uns, dass wir heute auf die Frauenfrage in der Kirche nicht nur die Antwort finden aus der Geschichte und aus der Dogmatik, diese Quellen der Offenbarung brauchen wir auch, aber wir brauchen auch die Jesuanische Kraft, wie Jesus mit den Frauen umgegangen ist. Und welche Antworten können wir heute, im 21. Jahrhundert,*

darauf finden. Ich bitte Sie wirklich, dass Sie das wei-
ter mit der Kommission bedenken, dass wir nicht nur
die historischen, die dogmatischen und andere Quel-
len nehmen, sondern das, was die Menschheit heute
braucht, von Frauen, von Männern, vom ganzen Volk
Gottes.«

Der Papst hatte vor der Konferenz angekündigt, er werde durch eine Kommission die Frage prüfen lassen, ob es in den biblischen Quellen und in der Tradition An-sätze für die Zulassung von Frauen zum Diakonat gibt. Darauf bezieht sich zunächst die von Sr. Katharina ge-stellte Frage, die entgegen der Vorgabe keine Frage ist, sondern ein eindringlicher Appell. Dass die Franziska-nerin den »Bruder Franziskus« in der Anrede nicht als Jesuit, sondern als Franziskaner bezeichnet, ist viel-leicht ein Versehen, aber es hat einen Grund. Für einen Augenblick versucht die Ordensfrau die größtmögli-che Augenhöhe zwischen dem Oberhaupt der katholi-schen Kirche und sich herzustellen. Sie spricht zu dem Papst, der sich nicht nur einen Namen gewählt hat, der seine Verbundenheit zur franziskanischen Tradition nach außen hin sichtbar macht. Viele Akzente hat er in symbolischen Gesten, aber auch in seinen Äußerungen gesetzt, die seine Parteinahme für benachteiligte Men-schen und sein Eintreten für die bedrohte Schöpfung erkennen lassen. Deshalb spricht die Franziskanerin mit gutem Grund den Jesuiten als Franziskaner an. Sie gibt mit ihrer Vorbemerkung dem, was nun folgt, ein Vor-zeichen. Es ist so, als wollte sie sagen: »Lieber Bruder im franziskanischen Geist der Einfachheit, lass uns für einen Moment alle Polstersessel und Ehrentitel, das hierarchische Gefälle und das übliche Szenario ›Frauen dürfen Fragen stellen, der Papst gibt Antworten‹ vergessen. Was ich dir jetzt zu sagen habe, ist keine Frage, sondern ein Weckruf. Was ich zu sagen habe, sage ich dir auf Augenhöhe von Christin zu Christ, mit unterschiedlicher Verantwortung, aber beide von der gleichen Frage bewegt: Wie können wir die Botschaft Jesu in der Gegenwart glaubwürdig bezeugen?« Als sie von der »Jesuanischen Kraft« spricht, wirkt auch sie kraftvoll. Und sie verbindet diese Kraft mit der Aufforderung, neben Schrift und Tradition sozusagen eine dritte Quelle der Offenbarung zu befragen: Es ist »das, was die Menschheit heute braucht«. Sie stellt damit in ihren eigenen Worten die Frage in den Raum, die Jesus an den blinden Mann richtet: »Was willst du, dass ich dir tue?« (Lukas 18,41). Und sie gibt in der Suche nach dem zukünftigen gemeinsamen Weg der Stimme von Menschen im 21. Jahrhundert den gleichen Rang wie der kirchlichen Dogmatik und den biblischen Überlieferungen.

Ausgangspunkt für ihr Statement ist die Forderung, endlich Frauen als gleichberechtigte Glieder der Kirche anzuerkennen. Aber die Frage nach dem, was die Menschen heute brauchen, geht darüber hinaus. Sie verlangt vom Papst im Grunde eine Umkehr des herkömmlichen lehramtlichen Denkens, eine Bekehrung der Kirche hin zu den Fragen der Menschen von heute. Die kirchliche Dogmatik und die Erforschung der Bibel haben den Fragen der Menschen in der Gegenwart zu dienen. Nicht, damit die Kirche wiederbelebt wird, sondern damit die

Menschen heute eine Antwort auf ihre Fragen erhalten. Eine Kirche, die jetzt nicht aus dem Grab ihrer Selbstbezogenheit aufbricht und sich nicht eindeutig hin zu den Menschen bekehrt, hat ausgedient. Sie stirbt, weil sie nicht in der Kraft Jesu handelt, der den blinden Mann danach fragte, was er tun soll.

Bei den Worten von Sr. Katharina, die nach der jesuanischen Kraft für die Gegenwart sucht, denke ich an die Schilderung einer zentralen Begegnung Jesu mit einer Frau, die diese Kraft ausdrücklich und in einer für die Evangelien einzigartigen Weise zum Thema macht. Markus 5,25 – 34 überliefert diese ungewöhnliche Geschichte. Sie erzählt von einer Frau, die aufgrund ihrer andauernden Blutungen aus der Gesellschaft ausgegrenzt wurde. Sie galt als kultisch unrein. Jede Berührung mit ihr, jeder Kontakt verunreinigte andere Menschen, so die Vorstellung der damaligen patriarchal geprägten Religion. In der Erzählung durchbricht die Frau die Konventionen. Sie hält sich nicht mehr an die Gesetze, die ihr vorschrieben, sich von den Menschen und vor allem von den Männern fernzuhalten. Sie kämpft sich in der Menge durch, bis sie schließlich Jesus zu fassen bekommt. Sie berührt ihn an seinem Gewand und spürt im gleichen Augenblick, dass sie geheilt wird. An dieser Stelle heißt es im Evangelium: »Im selben Augenblick fühlte Jesus, dass eine Kraft von ihm ausströmte« (Markus 5,30). Im griechischen Text geht es dabei nicht allein um ein Gefühl, sondern um ein vollkommenes Erkennen (griechisch: *epiginosko*) der Kraft (griechisch: *dynamis*) in sich selbst. Das Ungewöhnliche an dieser

Schilderung: Jesus erscheint nicht als aktiver Wundertäter, der der Frau Heilung bringt, sondern seine heilende Kraft ist beinahe passive Reaktion auf die Frau, die ihre Sehnsucht nach Heilung zuvor aktiv erkämpft hat. Die jesuanische Kraft entfaltet sich dadurch, dass die Frau für sich und ihr Bedürfnis, geheilt zu werden, eintritt. Es geht in der Geschichte nicht um die »Reparatur« eines körperlichen Leidens. Es geht um die Durchbrechung gesellschaftlicher Konventionen, die mit einer religiösen Begründung Menschen von der vollen Teilhabe am Leben ausgrenzten. Die Heilung bestätigt die Regelverletzung der Frau, ja, sie wird überhaupt erst dadurch möglich, dass die Frau für ihr Recht auf Leben eintritt. Die Frau verhilft Jesus dazu, dass er die Kraft, die in ihm angelegt ist, in ihrem vollständigen Potenzial erkennt.

Als ich mir noch einmal die Situation in der päpstlichen Audienzhalle in der Filmzusammenfassung ansehe, wirkt der Papst bei seiner Erwiderung auf den Appell von Sr. Katharina neben ihr seltsam zaghaft. Wortreich umschifft er die zentrale Frage, räumt zwar ein, dass dogmatische Antworten alleine nicht ausreichten und spricht vom notwenigen »Dialog mit der Welt«, aber seine Antwort ertrinkt beinahe in ihrer eigenen Wortfülle. Sie bleibt gefangen in kirchlichen Denkstrukturen. Dieser Papst räumt zwar Stühle um, aber er lässt die alte Lehre unangetastet. Frauen werden weiterhin gelobt, aber nicht anerkannt. Menschen, die für ihr Recht auf volle Teilhabe kämpfen mit all den Wunden, die dieser Kampf sie schon gekostet hat, erfahren keine Heilung, keine Bestätigung. Deshalb sitzt dort in diesem Augenblick ein kraftlos wirkender Papst, der sich am Ende in einen schlechten Witz flüchtet. Das Angebot, das Sr. Katharina dem Papst durch ihren Appell auf Augenhöhe gemacht hat, nimmt er nicht an, sondern bleibt verbal erhöht auf dem gepolsterten Sessel der von Männern dominierten Kirche sitzen, auch wenn er extra auf dem Stuhl auf gleicher Ebene Platz genommen hat. Beinahe tut er mir in diesem Augenblick leid, denn er wirkt wieder wie einer jener einsamen traurigen Hirten ohne Herde, der Angst davor hat, wirklich umzukehren mit allen Konsequenzen, die das für die Kirche hätte.

Warum wir aufhören sollten, die Kirche zu retten? Weil es um mehr geht als die Kirche. Es geht um die jesuanische Kraft in unserer Gegenwart. Diese Kraft, die sich im Eintreten von Menschen für ihre Rechte äußert, macht der Alten Kirche Angst. Der Appell Jesu: »Kehrt um und glaubt an das Evangelium!« (Markus 1,15) überfordert das Vorstellungsvermögen einer Kirche, die sich selbst an die Stelle des Reiches Gottes gesetzt hat. Diese wird erst wieder auferstehen, wenn sie all das, was Menschen am Leben hindert, ablegt. Sie wird erst zu der jesuanischen Kraft finden, wenn sie sich wirklich berühren lässt von der Sehnsucht der Menschen nach Heilung und von dem Ringen der Menschen nach Anerkennung ihrer Würde. Die Kraft Jesu würde die Kirche in sich spüren und erkennen, wenn sie sich am Gewand fassen ließe von den Frauen, die in ihren eigenen Reihen für die Anerkennung ihrer gleichen Rechte kämpfen. Sie würde die jesuanische Kraft in sich spüren und überhaupt erst entdecken, wenn sie sich am Gewand packen ließe von Homosexuellen und der gesamten Community der LGBTQ (Lesbian, Gay, Bisexual, Transgender, Queer) und ihrem Kampf um volle Anerkennung ihrer menschlichen Würde. Voraussetzung dafür wäre ein radikales Umdenken, der Bruch mit einem überkommenen Naturbegriff, der Homosexualität immer noch als »widernatürlich« oder gar als zu behandelnde Krankheit stigmatisiert. Voraussetzung wäre in der Folge das Beenden jeder Form von Diskriminierung in den eigenen kirchlichen Reihen und die Bestärkung aller Kräfte in der Gesellschaft, die sich für die uneingeschränkte Anerkennung der Menschenrechte in allen Bereichen des Zusammenlebens einsetzen.

Die Kraft Jesu würde sich dann heilsam entfalten, wenn sich die Kirche wirklich berühren ließe von dem Leiden der Menschen, die in der Kirche zu Opfern gemacht wurden. Wenn sie sich beim Gewand fassen lässt von denen, die Anerkennung ihres Leids suchen, wenn sie konsequent Opfer schützt, Taten aufdeckt und ohne Angst vor Veränderung Strukturen abschafft, die Missbrauch begünstigen.

Die Kirche wird die Kraft Jesu in sich spüren, wenn die ersten Adressaten der Reich-Gottes-Botschaft auch in ihr Vorrang erhalten: die Menschen, die durch die Geschäfte der Reichen arm gemacht werden, die Benachteiligten und Ausgegrenzten. Eine Kirche, die sich von ihrem Leid berühren lässt, wird ohne Scheu und ohne falsche Kompromisse an der Seite der Benachteiligten stehen. Sie wird alles daransetzen, gemeinsam mit anderen Bündnisse zu schmieden, damit Menschen endlich als Menschen mit der gleichen Würde gesehen und anerkannt werden. Diese Kirche wird Schiffe ins Mittelmeer entsenden, um Menschen auf der Flucht vor dem Ertrinken zu retten, und sie wird sich mit denen anlegen, denen die Verteidigung ihres Reichtums und ihrer Privilegien mehr wert ist als das Leben eines Menschen.

Die volle Anerkennung der Gleichberechtigung von Frauen und Männern ist vielleicht nur ein Mosaikstein in diesem großen Umkehrprozess, vielleicht wird dieser Mosaikstein aber zum bedeutenden und alles verändernden Dominostein, der letztlich auch den Stein vor dem Grab der Kirche ins Rollen bringt.

Mag sein, dass in dem unbeholfenen abschließenden Witz des Papstes fast so etwas durchschimmerte wie eine dann doch sehr ernste Ahnung davon, was die Entdeckung der jesuanischen Kraft, von der Sr. Katharina sprach, bedeuten würde: den Aufbruch in etwas anderes, Neues.

Warum wir aufhören sollten, die Kirche zu retten? Weil es um mehr geht als die Kirche. Es geht um die Menschen heute und es geht um die jesuanische Kraft, die sich in ihnen entfalten will. Deshalb geht es um mehr als nur darum, eine Vision für eine bessere *Kirche* zu entwerfen, denn die Reich-Gottes-Verkündigung Jesu hat uns die Vision für eine bessere *Welt* anvertraut.

Textnachweis

Der Textabschnitt »Macht ist keine Dimension von Kirche ...« (S. 66) bis »... ungeschminkt passiert« (S. 79) wurde in weiten Teilen zuerst veröffentlicht als ein Beitrag mit dem Titel »So soll es sein! Kirche unter dem Macht-Anspruch Jesu« in der Zeitschrift »Bibel und Kirche«, Heft 2/2019, »Macht und Kirche. Biblische Impulse«.

S. 77f: Marianne Williamson, Rückkehr zur Liebe. Harmonie, Lebenssinn und Glück durch »Ein Kurs in Wundern« © 1993 Arkana Verlag, München, in der Verlagsgruppe Random House GmbH
Übersetzung: Susanne Kahn-Ackermann

S. 80–82: Originaltext des Katakombenpakts nach http://www.pro-konzil.de/originaltext

Dank

Es war für mich eine besondere Herausforderung, ein Buch zu schreiben, das dazu auffordert, nicht weiter die Kirche zu retten. Schließlich bin ich ja als Priester ziemlich deutlich ein Teil genau dieser Kirche. Dass ich mich trotzdem an dieses Projekt herangewagt habe, verdanke ich vielen Menschen, die mir beim Schreiben und zum Teil schon seit vielen Jahren sozusagen Kraft von den Seiten schickten.

Ich danke an erster Stelle meinen Eltern und Geschwistern, die mir immer wieder Halt gaben, wenn es mit der Kirche mal wieder besonders anstrengend war. Besonders wertvoll sind mir das Interesse an meiner Arbeit und der Rückhalt für meine Positionen, die mich inzwischen über die nächste Generation meiner Nichten und Neffen erreichen.

Was wäre ich ohne langjährige Freundinnen und Freunde, die mich durch ihr Christsein darin bestärken, über die Grenzen der Kirche hinaus zu denken und zu leben?! Unter ihnen verbindet mich mit Br. Peter Reinl OSA nicht nur ein besonders langer freundschaftlicher Weg, sondern auch eine innere Unabhängigkeit, die ich mit ihm und mit seiner Gemeinschaft der Augustiner in Würzburg erleben darf. Ich danke Sr. Katharina Ganz, Beatrice von Weizsäcker und Stephan Steger, die mir auf sehr unterschiedliche Weise beim Schreiben des Buches nahe waren, weil sie mir zu wichtigen Wegbegleiterinnen und Wegbegleitern geworden sind.

In die Phase des Schreibens hinein fielen die Aktivitäten der Bewegung »Maria 2.0«, die in Würzburg gerade auch von Studentinnen aus der KHG mitgeprägt wurden. Ihr mutiges Eintreten für ihre Rechte in der Kirche hat mich in schwierigen Phasen zum Weiterschreiben motiviert. Überhaupt ist es vor allem das Engagement so vieler junger Menschen, die ich in der Katholischen Hochschulgemeinde in meiner Arbeit als Hochschulpfarrer täglich erlebe, das mich ermutigt und inspiriert, neu zu denken und gemeinsam Neues zu wagen. Meinen Kolleginnen und Kollegen im Team der KHG gilt an dieser Stelle mein Dank für ihre Solidarität, für alle gemeinsam gesponnenen Ideen und manchmal auch einfach für ihr Aushalten mit mir.

Meine persönliche Vision von einem neuen Christsein ist wesentlich von der Begegnung mit anderen christlichen Konfessionen, vor allem aber von meiner persönlichen Beziehung zu Menschen anderer Religionen geprägt. Ich danke meinen muslimischen und jüdischen Freundinnen und Freunden, die mich nicht nur theoretisch behaupten, sondern alltäglich erfahren lassen, dass Wahrheiten vielfältig in unterschiedlichen Religionen gelebt werden. Darüber hinaus denke ich an Menschen, die ohne religiöses Bekenntnis in unterschiedlichen zivilgesellschaftlichen Bündnissen mit mir gemeinsame Werte teilen oder die sich selbst als Atheisten bezeichnen und die ich als wertvolle Gesprächspartner*innen kennengelernt und schätzen gelernt habe.

Die biblische Tradition hat mich nicht nur gelehrt, dass sich Wahrheiten immer an konkrete Zeiten und Orte binden und ohne diese nie gedacht werden können. Vor allem meine Unabhängigkeit innerhalb der Kirche habe ich wesentlich der Beschäftigung mit der Bibel zu verdanken, die einem vorführt, wie unveränderlich geglaubte Institutionen und Ordnungen kommen und gehen. Wichtige Weggefährtinnen und Weggefährten habe ich in dieser Haltung in Menschen gefunden, die mir im Rahmen meiner nebenamtlichen Tätigkeit im Katholischen Bibelwerk e. V. begegnet sind. Stellvertretend nenne ich Katrin Brockmöller, die Direktorin des Bibelwerks, die für mich über ihre Funktion hinaus zu einer Ermutigerin geworden ist.

Der Vier-Türme-Verlag ist für mich inzwischen mit seinem Team fast zu einer Heimat geworden. Das liegt nicht nur an der kompetenten Betreuung, sondern auch an der inneren Verbundenheit. Dankbar bin ich Marlene Fritsch, die mich als Lektorin in gewohnt sachkundiger Weise geduldig und motivierend begleitet hat, und Stefan Weigand, der wieder für das ansprechende Layout gesorgt hat. Maria Gondolf verdanke ich nicht nur die Idee zu diesem Buch, die aus vielen gemeinsamen Gesprächen der letzten Jahre erwachsen ist, sondern auch das abschließende Korrekturlesen.

Schließlich danke ich Menschen, denen ich mein selbstständiges theologisches Nachdenken und Fragen zu verdanken habe und die mich anregen, nie damit aufzuhören. An erster Stelle gilt dieser Dank meinem bibelwissenschaftlichen Lehrer Karlheinz Müller, der mich über viele Jahre hinweg geprägt und freundschaftlich begleitet hat. Ihm sei dieses Buch gewidmet.

Bibliografische Information der Deutschen Nationalbibliothek
Die Deutsche Nationalbibliothek verzeichnet diese Publikation
in der Deutschen Nationalbibliografie.
Detaillierte bibliografische Daten sind im Internet über
http://dnb.d-nb.de abrufbar.

3. Auflage 2020
© Vier-Türme GmbH, Verlag, Münsterschwarzach 2019
Alle Rechte vorbehalten

Lektorat: Marlene Fritsch
Gesamtgestaltung: wunderlichundweigand
Titelfoto: © Stefan Weigand/Vier-Türme GmbH
Druck und Bindung: Pustet, Regensburg

ISBN 978-3-7365-0281-9
www.vier-tuerme-verlag.de